ANNALES DU MUSÉE GUIMET

BIBLIOTHÈQUE DE VULGARISATION

Tome XVII

CONFÉRENCES

AU MUSÉE GUIMET

Chalon-s-Saone — Imprimerie Française et Orientale, E. BERTRAND

CONFÉRENCES
FAITES
AU MUSÉE GUIMET

PAR

ÉMILE GUIMET

LA STATUE VOCALE DE MEMNON
LES RÉCENTES DÉCOUVERTES ARCHÉOLOGIQUES FAITES EN ÉGYPTE
LES MUSÉES DE LA GRÈCE
DES ANTIQUITÉS DE LA SYRIE ET DE LA PALESTINE
LE THÉATRE EN CHINE AU XIIIe SIÈCLE

PARIS
ERNEST LEROUX, ÉDITEUR
28, RUE BONAPARTE, VIe
—
1905

COLOSSES D'AMÉNOPHIS III
Celui de droite est la statue prétendue de Memnon

LA STATUE VOCALE DE MEMNON

« Ne plus ne moins que la statue de Memnon
» rendaient des sons harmonieux lorsqu'elle
» venait à être éclairée des rayons du soleil,
» tout de même me sens-je animé d'un doux
» transport à l'apparition du soleil de vos
» beautés. »

Ainsi parle Thomas Diafoirus.

Thomas Diafoirus est un bon élève de la Sorbonne; il sait se servir à propos des métaphores et des comparaisons les plus usitées chez les auteurs classiques; ayant à exprimer l'impression soudaine et vive que doit lui faire ressentir la vue de la fiancée qu'on lui destine, il cite fort à point la statue vocale si célèbre dans l'antiquité :

« Ne plus ne moins que la statue de Memnon. »

Qui était Memnon ?

Qu'était sa statue si singulière ?

Il y a peu de temps qu'on le sait exactement.

Dans l'Iliade, Homère parle d'un roi Memnon, Éthiopien, fils de l'Aurore, et qui était venu au secours des Troyens. Pendant la guerre, ce prince fut tué par Achille, qui voulait venger la mort d'Antiloque.

On a conservé quelques rares fragments d'une pièce d'Eschyle, dont le titre, Psychostasia, était tiré d'une scène fort curieuse : Jupiter, placé dans le ciel, tenait en main une immense balance; dans l'un des plateaux était l'âme d'Achille, dans l'autre celle de Memnon et sur le devant de la scène les deux héros combattaient. Pendant l'action, le plateau d'Achille l'emportait peu à peu et Memnon ne tardait pas à succomber. A la fin du drame, l'Aurore traversant l'éther sur un nuage, entraînait dans ses bras le corps inanimé de son fils chéri.

Cette tragédie, qui dénote chez les anciens Grecs un rare talent de mise en scène, nous fait voir quelle forme précise avait prise dans la légende, l'aventure du prince éthiopien.

Il était devenu non seulement fils de l'Aurore, mais aussi du vieux Tithon, époux de la déesse.

Pourquoi une divinité si jeune, si fraîche, si vive et si éclatante, avait-elle épousé un vieil impotent? Ce sont là de ces mystères dont fourmille la mythologie et qui, le plus souvent, n'ont pas d'autres causes qu'une ingénieuse succession d'idées; en effet, l'Aurore, pour se lever tous les jours si matin, devait avoir des raisons : la vieillesse de son mari, par exemple, et sans plus de façon; voilà que son époux doit être vieux et qu'il est vieux; c'est logique, c'est dans l'ordre, et cette explication, on en conviendra, vaut autant que toutes celles qui voudraient s'étayer sur des considérations philosophiques, humanitaires, naturalistes ou autres.

Il paraît que Jupiter s'était vivement intéressé au sort du jeune roi, car il créa en son honneur une singulière espèce d'oiseaux, qu'on appelait memnonides. Ces bizarres volatiles naissaient un beau matin dans la plaine même où se trouvent encore les immenses tumulus des guerriers de l'Iliade, et, après s'être livrés tout un jour à de terribles combats aériens, mourraient de leurs blessures et disparaissaient, pour renaître six mois plus tard et recommencer de nouveau leurs luttes sanguinaires.

Le tombeau de Memnon, témoin de ces ébats

sanglants, existe-t-il encore ? C'est possible. On montre sur les rives des Dardanelles, à l'embouchure du Simoïs, les tombeaux d'Achille, d'Antiloque, etc. Ce qu'il y a de curieux, c'est que les oiseaux memnonides reviennent périodiquement honorer la mémoire du brillant défenseur de Troie ; seulement on les appelle prosaïquement des étourneaux.

Qui n'a pas vu par une belle journée d'automne les vols immenses de ces oiseaux de passage ? Au loin, on dirait une noire fumée d'usine qui ne peut se dissoudre dans l'air ; à mesure que le vol s'approche, grandit et s'étend comme une nuée menaçante, le soleil fait scintiller des reflets d'ailes ; c'est une poussière de granit concassé, à la fois sombre et brillante. A chaque instant le nuage change de forme et parcourt le ciel en tous sens ; tantôt il se condense en boule ou s'étend en ruban, tantôt il flotte ondoyant ou s'arrête immobile, tantôt il tombe comme une pluie ou s'élance comme une fusée. Violent ou tranquille, rapide ou incertain, frémissant ou calme, c'est comme un flot sombre égaré dans l'éther, mais c'est un flot qui vit, crie et chante, avec des chocs d'ailes et des froissements de becs.

Dans ces mouvements éperdus et désordonnés, parfois la manœuvre se fait mal et la bande se divise ; mais dès que les deux corps d'armée se sont aperçus de leur séparation, ils reviennent l'un sur l'autre à tire d'aile avec tant d'ardeur que la rencontre a toute la violence d'un combat ; les cris redoublent et la masse crépite et pétille pendant un moment.

La nuit seule calme ces jeux d'étourdis. Le lendemain le ciel est tranquille, les oiseaux sont loin, on peut les croire morts... l'âme de Memnon est satisfaite.

Cet Éthiopien, fils de l'Aurore, d'où venait-il ? Ce prince à peau noire (αἰθίοψ, noir) arrivait-il de l'Afrique ou de l'Asie ? Les classiques anciens ont décidé qu'il s'agissait du Memnon de Thèbes, de l'Éthiopien des bords du Nil. A cela il y a une petite difficulté, c'est que le Memnon de Thèbes n'a jamais existé que dans l'imagination des Romains lettrés du temps d'Adrien. Il faut donc chercher à ce héros d'autres origines.

Memnon figurait à la guerre de Troie avec dix mille hommes ; il était venu secourir Priam, son oncle. Il est assez difficile d'admettre que Priam ait eu un frère ou une sœur qui seraient allés s'établir au fond de l'Égypte. Et pourquoi chercher si loin quand nous avons le souvenir d'une autre Éthiopie, placée en Asie, non loin de la Troade ; celle dont parle la Bible, en la donnant comme un des confins du paradis terrestre, celle que cite Homère, celle qui est encore peuplée de ces tribus négroïdes qu'on voit errer entre l'Euphrate et le Gange ?

Et ce titre de fils de l'Aurore n'indique-t-il pas que Memnon venait de l'Est et non du Sud ? Les Grecs de la guerre de Troie n'avaient pas encore pris l'habitude mauvaise d'appeler Orientaux les peuples méridionaux.

Il s'agit, en un mot, du Memnon de Suse et point de celui de Thèbes, qui n'a jamais été qu'une mystification plusieurs fois séculaire.

Mais alors d'où provient l'erreur ?

Il est probable que Memnon n'aurait point eu sa grande célébrité si les Romains, après la conquête de l'Égypte n'avaient découvert, parmi les monuments ruinés par Cambyse, une statue qui chantait. Cet étrange phénomène voulait son explication, elle fut donnée sans hésiter.

Cette statue qui saluait l'Aurore pouvait bien avoir quelque relation avec le héros troyen ; or justement c'était, au dire des Égyptiens, la statue du roi Aménoph.

C'est cela, par Jupiter ! s'écriaient les Romains ; Aménoph, Memnon, c'est tout un !

Vous vous trompez, insistaient les indigènes, Aménoph était un roi de notre pays.

Parfaitement, ripostaient les Romains ; nous vous apprendrons de plus que ce roi, votre compatriote, dont vous prononcez le nom d'une manière si défectueuse, est allé à Troie, en Asie, défendre son oncle Priam et qu'il a été tué par Achille lui-même.

Ah ! s'écriaient les Égyptiens, c'est là où est l'erreur, car son tombeau est dans la vallée voisine.

Mais tout cela n'ébranlait pas les conquérants, avides du merveilleux.

Les nouveaux venus continuèrent à donner à leurs vaincus des leçons sur l'histoire de l'Égypte et des cours de prononciation pour servir à l'éclaircissement de la susdite histoire.

On fit de l'archéologie sur place. On se mit en quête des souvenirs que devait avoir laissés dans son propre pays un homme aussi célèbre.

Un palais était auprès, construit par Ramsès-

Meïamoun, ce qui veut dire fils du soleil, aimé d'Ammon.

Meïamoun! s'écrièrent les archéologues, voyez comme ces gens prononcent mal. Il est évident que Meïamoun, Aménoph, ne font qu'un seul et même personnage : le fils de l'Aurore dont nous trouvons les traces à chaque pas.

Et le fait fut si bien constaté et consacré que maintenant encore le palais de Ramsès-Meïamoun s'appelle le Memnonium.

On trouva même deux tombeaux de Memnon, celui d'Aménoph et celui de Meïamoun, et encore sans compter le troisième et définitif, situé sur les bords du Simoïs.

D'ailleurs, les savants de l'époque eussent-ils reconnu leur erreur, eussent-ils voulu rétablir les faits, ils étaient débordés par l'évidence du phénomène; la superstition allait son train et les pèlerinages s'organisaient en l'honneur de la statue qui chantait tous les matins. On venait de fort loin pour constater le miracle; on y attachait une grande importance comme présage heureux. Les dévots avaient fait une sorte de calembour avec Memnon et le parfait μεμνημαι, *s'être souvenu*, et chaque fois que la statue rendait des sons, on pensait à sa famille, à ses amis ; c'était, pour les absents comme pour les présents, une véritable bénédiction.

Le surnaturel était d'autant plus évident que l'idole avait des moments d'absence ou de bouderie ; à certains jours néfastes Memnon se taisait, laissant ses adorateurs dans la consternation.

Quant à nous, nous ne serons ni effrayé de son silence, ni surpris de sa voix, car voici ce qui se passait :

La statue en question était un de ces gigantesques colosses monolythes que les anciens Égyptiens ont répandus à profusion dans les cours de leurs temples. Ce colosse en grès cristallin et translucide avait été brisé par un tremblement de terre selon les uns, par Cambyse selon les autres.

L'idée de la secousse géologique est difficile à admettre, car elle aurait bien plus facilement renversé les immenses obélisques qui sont encore debout, que brisé un colosse monolithe ; aussi faut-il reporter l'honneur de la mutilation à ce tremblement de terre qui a tout détruit en Égypte et qui s'appelle l'invasion persane.

Quoi qu'il en soit, la statue était brisée, et la

1.

cassure, inclinée dans le sens des rayons solaires, recevait subitement la chaleur du matin et passait sans transition du froid de la nuit tropicale à la température élevée donnée par le soleil égyptien. Il se faisait alors une dilatation dans ses molécules cristallines, et une sorte de détonation, prolongée par la sonorité de la pierre, venait à deux reprises charmer les auditeurs par un son analogue à celui d'une grosse cloche.

Actuellement, lorsqu'on frappe la statue avec un fragment de pierre, elle vibre, résonne et donne un *la* grave fort beau. C'est, on le voit, un énorme diapason.

Quant à la détonation qui provoquait la résonnance, on peut la constater sur d'autres pierres, et particulièrement sur les immenses blocs cassés des ruines de Karnac. Le phénomène est remarqué par tous les voyageurs. Lorsque le matin on parcourt ces temples renversés, on croit entendre autour de soi des attaques au revolver ; les Arabes s'empressent de vous rassurer et vous expliquent que ce sont les pierres qui chantent sous l'influence du soleil.

C'est analogue au cri du soufre, craquement

qui s'obtient en tenant dans la main un bâton de soufre raffiné.

A l'époque de Septime-Sévère on restaura le colosse, supposant sans doute que, puisque mutilé il avait une si belle voix, il parlerait peut-être dès qu'il aurait une poitrine et une tête. Mais le fait de la restauration de la statue mit à couvert la cassure sonore et depuis ce temps, Memnon ne chante plus.

C'est ce que nous prouvent les nombreuses inscriptions grecques et latines dont est couvert le monolithe; celles qui sont datées ne commencent qu'à l'arrivée des Romains et s'arrêtent net à l'époque de Septime-Sévère.

De tous ces monuments qui couvraient à Thèbes la rive gauche du Nil, il ne reste plus que deux colosses : la fameuse statue et une autre semblable qui lui faisait pendant. Les temples, construits en pierre calcaire, ont été détruits par le temps ou par les maçons qui en ont fait de la chaux. On a trouvé, enfouies dans le limon du fleuve, les traces de dix-huit autres colosses qui formaient avec ceux qui restent debout, une avenue de géants de pierre, assis sur des trônes, le regard fixe, les bras immobiles.

Ces deux statues restées seules debout, comme pour témoigner de la puissance passée des rois d'Égypte, font au milieu de la plaine une singulière impression. Un de mes camarades de voyage prétendait qu'elles représentaient deux demoiselles que, dans un bal, on avait laissées sur leurs chaises. Le spirituel Denon les prit bel et bien pour deux princesses. La commission d'Égypte releva les inscriptions latines et grecques, et en conclut qu'elle avait affaire au roi Memnon. Il a fallu que Champollion fît son admirable découverte pour rétablir les origines véritables et constater que les vieux Égyptiens avaient raison quand ils certifiaient, malgré le parti pris des Romains, que ces monolithes représentaient le roi Aménoph.

Ces statues, qui ont la hauteur d'un second étage d'une maison parisienne, représentent en effet le roi Aménophis III, de la dix-huitième dynastie. A droite et à gauche de ses jambes sont représentées deux femmes richement vêtues, la tête couverte de coiffures formidables.

L'une est la mère du roi, Tmou-Hem-Or, l'autre, sa femme, la reine Taïa. Entre les deux jambes est un troisième personnage, beaucoup plus petit, dont le nom a été martelé et toute la statue horriblement mutilée. Cette mutilation exercée sur la partie du groupe qui aurait dû être la mieux conservée, indique un acte de vengeance tout particulier et nous dévoile d'un seul coup, sans qu'il soit besoin d'autres preuves, qu'il s'agit là du fils du roi, Aménophis IV.

Pourquoi le portrait du jeune prince a-t-il subi un pareil affront ?

Deux mots l'expliqueront.

Aménophis IV était le fils d'une étrangère qui eut assez d'empire sur lui pour lui faire embrasser la religion du dieu Aten (Adonaï) et proscrire dans ses états le culte d'Ammon. Non seulement le roi renonça à son nom d'Amenotep (la paix d'Ammon), non seulement il établit le siège du gouvernement dans la ville de Tell-Amarna, arrachant à Thèbes son titre de capitale et ses prérogatives de ville sainte, mais le nouveau souverain, prenant le nom de Kou-en-Aten (splendeur du disque) fit, détruire toutes les images du dieu Ammon, et fit marteler avec soin le nom de ce dieu dans tous les textes, dans toutes les inscriptions, même dans les mots où il ne figurait que comme radical ou partie simplement phonétique.

Cette révolution religieuse ne se fit pas sans de grandes persécutions et sans des luttes sanglantes; elle eut pourtant un fort heureux résultat que certainement Kou-en-Aten ne pouvait pas soupçonner : elle rend à nos archéologues modernes le service de dater très exactement toutes les inscriptions antérieures à cette époque de troubles ; en effet, dès qu'on trouve dans un texte le nom d'Ammon effacé, on peut être certain que le féroce réformateur a passé par là et que l'inscription est antérieure au schisme ou tout au moins contemporaine de l'introduction du culte d'Aten par Aménophis IV.

Et voilà pourquoi la statue si mutilée du groupe qui nous occupe doit être le portrait du jeune prince, représentation sur laquelle, lorsque le culte d'Ammon fut rétabli, on a dû exercer de terribles représailles.

Les deux colosses ont autour du socle et sur le dossier du siège de superbes hiéroglyphes qui relatent pompeusement tous les titres du roi. Voici un échantilllon de cette littérature : « Le Seigneur souverain de la région supérieure » et de la région inférieure, le réformateur des » mœurs, celui qui tient le monde en repos,

» l'Horus qui, grand par sa force, a frappé les
» Barbares, le roi soleil, Aménotep, modérateur
» de la région pure, chéri d'Ammon-Râ, roi des
» dieu. »

Sur les côtés du trône on a représenté en bas-reliefs deux personnages dont l'embonpoint est indiqué uniquement par deux replis de chair qui pendent sur la poitrine. Ils paraissent fort occupés à lier ensemble des tiges de lotus et des tiges de papyrus. C'était là une manière de représenter le Nil de la Haute-Égypte et celui de la Basse-Égypte.

Mais cette surabondance de pectoraux a fait croire à la commission d'Égypte que ces deux Nils étaient des femmes.

Avant ce voyage des savants Français en Égypte, on s'en tenait aux descriptions des anciens au sujet de la statue vocale ; les inscriptions qui relatent le phénomène n'étaient pas encore venues le préciser, et l'on en était arrivé à croire et même à enseigner que la statue de Memnon était en bronze, qu'elle était creuse et que c'était par une combinaison ingénieuse de conduits acoustiques qu'on obtenait le miracle, dû à la supercherie des prêtres du temps.

La commission d'Égypte était évidemment préoccupée de ces idées, car, en présence du colosse de pierre, et après avoir relevé les inscriptions constatant que le phénomène était une sorte de craquement, nos savants s'ingénient à expliquer comment l'illusion pouvait être produite par l'acoustique de la cour du temple et par des conduits souterrains. Selon eux, ce sont les prêtres seuls qui produisaient la voix du colosse.

La commission explique qu'à l'époque de la domination romaine, le caractère des prêtres d'Ammon s'était fort abaissé, que la superstition la plus naïve avait remplacé la foi dogmatique et philosophique des Égyptiens d'Hérodote; elle donne enfin une masse d'autres considérations tendant à démontrer que ces malheureux prêtres, auxquels on imposait la crédulité mesquine des conquérants, étaient au contraire, les auteurs de jongleries religieuses fort éloignées, on le sait maintenant, du sentiment élevé qui caractérisait le sacerdoce thébain.

La commission, pour appuyer son dire, se souvient avoir constaté dans plusieurs monuments égyptiens la présence de conduits étroits pratiqués dans l'épaisseur des murailles, et qui n'ont pu servir, selon elle, qu'à transmettre au loin des oracles ou des sons surnaturels.

Grâce aux intelligents travaux de Mariette-Bey, nous savons maintenant qu'il s'agit là de conduits de serdab. Le serdab était sous les premières dynasties, un accessoire du tombeau. C'était une chambre entièrement murée dans laquelle on renfermait des statues du défunt. Un conduit étroit mettait le serdab en communication avec une autre chambre du monument, de laquelle on envoyait aux images du mort des paroles d'amitié ou de bénédiction et peut-être la fumée des parfums sacrés.

Maintenant que nous savons bien en quoi consistait la statue vocale de Memnon, voyons ce qu'en ont pensé les anciens et ce qu'en ont dit les gens qui assistèrent au merveilleux concert.

Strabon est le premier écrivain qui ait parlé du colosse chantant. Après avoir décrit *de visu* les deux statues, dont l'une est brisée, il déclare avoir entendu un son vers la première heure du jour; mais il n'en croit pas ses oreilles ou plutôt il ne croit pas au prodige. Strabon est un sceptique. Il admettra que le bruit est venu de la base ou des maisons voisines, ou même de ceux qui étaient autour de la statue ; il admettra tout ce qu'on voudra, pourvu qu'on ne lui fasse pas croire que c'est le colosse lui-même qui a produit le son. (Géog., lib. XVII.)

Pline ne parle du phénomène que par ouï-dire. A propos du basalto (livre XXXVII, chap. xi), il cite plusieurs statues faites de cette pierre ; puis il ajoute : « C'est une pierre à peu près de ce genre qu'on voit, dit-on, à Thèbes, dans le temple de Sérapis, et qu'on prétend être consacrée à la statue de Memnon. On dit que chaque jour, au lever du soleil, elle rend un bruit au contact des rayons. » Ce texte ne nous apprend rien de nouveau, mais il a été une source d'erreur pour quelques modernes.

La divinité Sérapis est d'invention gréco-romaine ; d'autre part, le temple d'Apis était à Memphis ; or, à force de répéter, d'après Pline, que la statue de Memnon était dans le temple de Sérapis, on a fini insensiblement par déclarer qu'elle était à Memphis, et ce renseignement est allé compléter la série des divagations classiques au sujet de la statue de bronze munie de tuyaux acoustiques.

Tacite, racontant le voyage de Germanicus

dit qu'entre autres merveilles que ce prince s'était attaché à connaître en Égypte, il alla visiter la statue de pierre de Memnon qui rend un son dès qu'elle est frappée des rayons du soleil. (Annal., lib. II.)

Juvénal, lui, avait vu et entendu la statue ; exilé sur les bords du Nil, il ne parle des choses de l'Égypte qu'avec un grand accent de sincérité. « On voit, dit-il (Sat. XV), briller la statue d'or d'un cynocéphale dans les lieux mêmes où l'on entend sortir des sons de la statue de Memnon, et où l'antique Thèbes est ensevelie sous les débris de ses cent portes. » En trois vers le poète satirique décrit la ville déjà en partie ruinée, le temple où se trouvait la statue et dans lequel on honorait une statue d'or de Toth lunaire à tête de singe, et enfin le colosse mutilé et retentissant.

Un autre témoin oculaire est Pausanias. Il cherche d'abord à faire concorder les assertions romaines avec les traditions égyptiennes. « Ce colosse, dit-il, est une statue du soleil ou de Memnon, selon la tradition la plus commune. (Attica, lib. I.) On raconte que ce Memnon est venu d'Ethiopie en Égypte et qu'il a pénétré jusqu'à Suse. »

On voit qu'il y en a pour tous les goûts.

« Mais, ajoute l'auteur, les Thébains nient que ce soit Memnon, car ils prétendent que c'est Phaménoph, né dans leur pays. J'en ai même entendu qui disaient que cette statue était celle de Sésostris. »

Cette dernière proposition est encore un moyen de concilier bien des choses ; car, de même que les Hébreux ont appelés Pharaons tous les rois d'Égypte, de même les Grecs ont donné le nom de Sésostris à tous les conquérants égyptiens de la XVIIIe, de la XIXe et de la XXe dynastie ; les Aménophis, les Touthmès, les Ramsès sont des Sésostris et quand les historiens se demandent quel est le roi d'Égypte qui a été le Sésostris des Grecs, on peut répondre : Tous !

Pausanias explique que la statue a été brisée en deux par Cambyse et termine ainsi sa description : « Le tronc est encore debout et tous les jours, au lever du soleil, il rend un son tel que celui des cordes d'une cithare ou d'une lyre qui, étant fortement tendue, viendrait à se rompre. »

Après ces témoignages, c'est à peine s'il faut prêter quelque attention à ce personnage de

Lucien, qui, dans le Philopseudès déclare que Memnon, en ouvrant la bouche, a articulé sept vers qu'il rapporterait, si cela n'était superflu. Lucien, qui était un libre-penseur, a-t-il voulu se moquer du prodige en exagérant sa portée, ou bien se livre-t-il à un effet d'imagination ? Peu importe, puisque nous ne trouvons pas là un témoin sérieux, mais simplement un littérateur qui nous fait constater la notoriété, à son époque, de la statue vocale et même parlante, selon lui.

Philostrate, l'historien de la vie d'Apollonius de Tyane, raconte fort en détail les voyages de ce philosophe. Il nous le montre parcourant la Haute-Égypte suivi de ses disciples, au nombre desquels figure un certain Damis, dont il semble ne transmettre que les récits. C'est donc Damis qui nous raconte la visite que les voyageurs firent à la statue de Memnon. Il commence par faire des révélations historiques. Memnon était fils de l'Aurore ; il n'est point mort à Troie où il a n'a jamais été ; mais il est mort en Éthiopie où il a régné cinq générations, ce qui n'empêche pas que les Éthiopiens dont la longévité est, à ce qu'il paraît, considérable, de trouver que ce prince est mort jeune. Voilà pourquoi, ajoute Damis, on l'a représenté sur sa statue avec une figure imberbe.

Il est évident que Damis ne connaissait pas la coutume égyptienne de se raser et de porter au bout du menton une barbe postiche en feuille de Persea ; or, la statue d'Aménophis III avait cette petite barbe, purement indicative du sexe.

Le voyageur fait une longue description des lieux qu'il visite et l'on voit que si les monuments en paraissent beaucoup plus ruinés que du temps de Juvénal, en revanche la statue est restaurée.

Non seulement il ne dit rien de la cassure, mais il décrit l'expression du visage : « On dirait qu'elle va parler ! » s'écrie-t-il.

Malgré la restauration, au lever du soleil elle rendit des sons ; c'est Damis qui l'affirme : « Ses yeux parurent exprimer la joie de voir la lumière, comme ceux des hommes qui l'aiment et la recherchent le plus. Apollonius et ses compagnons de voyage rapportent qu'ils comprirent alors que la statue paraissait vouloir se lever devant le soleil, comme ont coutume de faire ceux qui croient honorer mieux la Divinité en restant debout devant elle. Ils offrirent donc des sacrifices au soleil éthiopien et à Memnon Éous ; car c'est ainsi que les prêtres nomment ces divinités, la première, de la qualité qu'elle a d'échauffer et de brûler, et la seconde du nom de l'Aurore, sa mère. »

Ainsi, voilà la statue qui, non seulement rend des sons, mais qui ouvre les yeux, témoigne de sa joie, fait mine de se lever !... Prodige sur prodige ! c'est trop beau pour y croire. Il est probable que Damis, pas plus qu'Apollonius et ses disciples n'ont rien vu de tout cela et même rien entendu, et que le narrateur n'a pourtant pas voulu convenir qu'un si grand voyage n'avait abouti à rien.

Mais, d'autre part, n'oublions pas qu'en fin de compte c'est Philostrate qui relate tous ces faits, que Philostrate était fort protégé par Julia Domna, la femme de Septime-Sévère, et qu'il ne pouvait pas décemment, au moment même où, par ordre supérieur, on avait complété la statue, être obligé de convenir qu'on avait par cela même fermé la porte au miraculeux.

Aussi il en raconte beaucoup plus que tous ses prédécesseurs. Il fait chanter et remuer le colosse. Pour peu qu'on l'en prie, il imitera le personnage de Lucien, il fera réciter des vers à la statue, et naturellement ces vers diront des éloges de l'impératrice.

Et l'impératrice le mérite, Memnon lui doit bien cela. Julia Domna fut en effet fort zélée pour les choses religieuses ; c'est à elle qu'on doit surtout l'introduction du culte d'Isis en Europe. Elle vivait du reste dans un temps où tout le monde cherchait de nouvelles voies. Les riches et les philosophes avaient des aspirations plus élevées que le naturalisme mythologique ; les pauvres et les esclaves attendaient un sauveur et se consolaient de leurs souffrances par une foi ardente aux lumières d'une autre vie. Aussi les cultes nouveaux surgissaient de toutes parts. L'immensité de l'empire romain facilitait ces recherches et ces assimilations. Mais peu à peu le mouvement débordait ceux-là mêmes qui l'avaient provoqué. Le christianisme se dressait avec ses réformes sociales. Ces sectaires, qui renonçaient à la famille, à la fortune, qui vivaient en commun dans un but idéal, mal défini et peu pratique, ces gens qu'on ne pouvait ramener aux lois ordinaires ni par l'appât du bien-être, ni par l'espoir de la fortune, ni par les craintes des supplices... ces gens étaient un danger.

Aux yeux de la société romaine corrompue et ébranlée, ces chrétiens étaient les communistes de l'époque. Aussi aux prodiges du Christ on opposait les prodiges de Jupiter ; il y avait les miracles progressistes et les miracles conservateurs. Le phénomène de la statue vocale était un de ces derniers, et, voulant lui donner plus d'éclat, on l'avait supprimé.

Philostrate ne pouvait dire cela ; il aima mieux mentir ou faire mentir Damis. Mais Julia Domna fut satisfaite et put croire un moment qu'elle avait porté un coup à cette religion naissante, qui, ne pouvant s'assimiler aux autres croyances tendait à les détruire.

L'ère des pèlerinages memnoniens étant fermée ; il n'est pas étonnant de ne plus en entendre parler jusqu'à l'époque des explorations modernes.

Le premier qui ait écrit sur la statue merveilleuse est le père Sicard. Il trouve dans les plaines de Thèbes trois colosses, les deux que nous connaissons et celui de Ramsès II, qui gît, brisé en plusieurs morceaux, derrière le pylône du Memnonium, palais de Ramsès.

Ce colosse, tout en granit rose, est le plus gros monolithe qu'aient utilisé les anciens

Égyptiens; il devait peser quatre millions de kilogrammes, et, pour détruire un pareil bloc, il ne fallait rien moins que la fureur de Cambyse. Le visage fut horriblement mutilé, afin qu'on ne pût reconnaître en l'honneur de qui la statue avait été érigée; mais sur l'épaule il y avait quelques ornements que les destructeurs ont laissés intacts. Ces ornements sont justement le cartouche du roi, et Champollion a pu, malgré l'anéantissement du colosse, reconnaître qu'il représentait Ramsès II.

Le père Sicard, après avoir découvert les trois colosses, après avoir reconnu les inscriptions grecques et latines de celui qui a été restauré, en conclut que c'est celui de Ramsès qui est la statue de Memnon. Pourquoi cela ?

C'est bien simple, il se trouvait dans le Memnonium.

Ainsi la statue, couverte de proscynèmes attestant qu'on a entendu chanter le prince de pierre, n'aurait été qu'une sorte de livre de voyageurs, sur lequel on aurait pris l'habitude de relater les prodiges qui se passaient à plusieurs kilomètres de là.

Pocoke, lui, suit le père Sicard pas à pas ; seulement il décrit mieux et dessine assez bien ;

ce qui ne l'empêche pas de prendre, comme son prédécesseur, la statue de Ramsès pour celle de Memnon, ou du Phaménoph de Pausanias.

D'ailleurs, tous les voyageurs de cette époque ont été fort gênés par la déplorable habitude des Grecs de défigurer les noms égyptiens et par la non moins déplorable habitude des Romains de tout rapporter à leur faible connaissance historique et à leurs religions locales.

Ce que l'on connaissait le mieux de l'histoire des Égyptiens, c'étaient les guerres de Sésostris, le tombeau d'Osymandias et la statue de Memnon et alors, selon les fantaisies, tous les palais représentaient le tombeau d'Osymandias, toutes les statues étaient Memnon et tous les rois guerriers Sésostris.

Pour arranger les choses et procéder par simplification, le savant Jablonski, qui a mis sa formidable érudition au service d'étymologies à perte de vue, a imaginé de prouver que Memnon était le même qu'Osymandias, et comme d'autre part, il établit qu'Osymandias et Sésostris ne font qu'un, il en résulte que Sésostris était Memnon et que, en un mot, tous les rois égyptiens de tous les temps ne formaient qu'un seul et même personnage : Aménoph.

— Comment ! Aménoph, maintenant ?

— Oui, c'est toujours le même personnage sous différents noms.

D'ailleurs, quand on voit les divagations qui se sont fait jour au sujet de la langue des hiéroglyphes, on est obligé de reconnaître qu'il était grand temps que Champollion, avec son esprit net et précis, son imagination vaste et sage, son génie, enfin, vint jeter la clarté sur ces questions oubliées par l'histoire des peuples.

Pour achever d'avoir une idée précise du monument qui nous occupe, il suffira de jeter un coup d'œil sur les inscriptions grecques et latines qui couvrent les jambes du colosse.

Les plus anciennes sont fort simples. On constate qu'on a entendu le dieu, et puis c'est tout.

Car généralement Memnon est appelé dieu ; on lui faisait des libations et des sacrifices.

Peu à peu les inscriptions sont devenues plus développées et plus emphatiques ; on a fait des vers plus ou moins bons, les meilleurs sont ceux qui sont formés de fragments d'Homère cousus ensemble.

Le dieu était quelquefois sourd aux prières de ceux qui l'invoquaient; certains jours il restait muet. Témoin l'exemple du stratège Celer, dont voici l'inscription :

Celer, le stratège, n'était pas venu ici pour entendre la voix de Memnon, car s'il s'est exposé à la poussière qui s'élève sur ces monticules, c'était en qualité de *théore* et pour présenter au dieu son religieux hommage.

Memnon, comprenant cette intention, n'a point fait entendre sa voix; Celer s'en est allé. Puis, revenant une seconde fois après un intervalle de deux jours, il a entendu la voix du dieu, l'an VII d'Adrien César le Seigneur, le 7 d'épiphi à la... heure (1er juillet 123 de J.-C.).

Il est facile de lire entre les lignes. On voit clairement que Celer est venu entendre le colosse ; mais comme le dieu n'était pas en voix ce jour-là, il s'est tu, ce qui était à la fois un affront et un mauvais présage pour le stratège. Notre homme s'en tire avec esprit en déclarant qu'il n'était pas venu pour cela.

Et voyez comme le dieu est intelligent, comme il pénètre dans la pensée de ses fidèles ! Le dieu se tait parce que ce n'est pas pour lui qu'on est venu. Il ne se met pas en frais pour les indifférents. Mais quand deux jours après le même Celer revient saluer officiellement le dieu, celui-ci le salue à son tour, événement qu'il est bon de transmettre à la postérité.

Ce qu'il y a de curieux dans cette inscription, c'est qu'elle donne, sans s'en douter, la cause exacte du silence de la statue. Ce devait être un rude vent du Sud, un terrible Khamsin que celui qu'affrontait Celer le jour où la poussière s'élevait des monticules. Or, les jours de Khamsin il n'y a pas de rosée, il n'y a pas de froid nocturne et, le matin, le soleil est voilé ; le phénomène sonore était par conséquent impossible. Et voilà pourquoi le stratège n'a pas eu le bonheur d'entendre Memnon le premier jour qu'il le vit.

Ces relâches par indisposition devaient être fréquents, car on les voit souvent mentionnés sur la pierre. Un jour le cas devint fort grave. L'impératrice Sabine elle-même était venue faire ses dévotions à la statue qui n'avait pas bronché. Mais alors se produisit une scène analogue à celle que l'on voit tous les ans se renouveler au miracle du sang de saint Janvier. L'impératrice se mit fort en colère et menaça le dieu de la fureur d'Adrien ; aussi le lendemain fut-il plein de courtoisie et s'empressa-t-il de faire entendre sa belle voix.

Voici ce qu'on écrivit pour consigner le fait:

Hier n'ayant pas entendu Memnon, nous l'avons

supplié de n'être pas une seconde fois défavorable (car les traits de l'impératrice s'étaient enflammés de courroux), et de faire entendre un son divin, de peur que le roi lui-même ne s'irritât et qu'une longue tristesse ne s'emparât de sa vénérable épouse ; aussi Memnon craignant le courroux de ces princes immortels, a fait tout à coup entendre une douce voix, et a témoigné qu'il se plaisait dans la compagnie des dieux.

Voyez comme le divin Memnon devient sage et obéissant. Après cette petite leçon, on pense que le dieu n'aura plus de fantaisie, et l'on risque de faire venir l'empereur Adrien en personne.

Mais on avait une grande terreur de voir l'entreprise échouer ; le prodige manquant, c'était peut-être la perte de ceux qui avaient encouragé sa Majesté à faire le voyage sacré. Aussi, Memnon tardant à se décider, on prit sans doute le parti d'y suppléer en choquant quelque bouclier ou en produisant un son quelconque avec n'importe quoi. Aussitôt toute la cour témoigna sa joie et déclara que le dieu avait salué l'empereur. Mais pendant qu'on se félicitait, le colosse se mit tranquillement à produire deux fois de suite son craquement habituel.

Alors l'enthousiasme ne connut plus de

bornes, et la poétesse Balbilla, qui faisait partie de la suite de l'impératrice, et qui excellait à faire de mauvais vers doriques, fit graver l'inscription suivante :

J'avais appris que l'Égyptien Memnon, échauffé par les rayons du soleil, faisait entendre une voix sortie de la pierre thébaine. Ayant aperçu Adrien, le roi du monde, avant le lever du soleil, il lui dit bonjour, autant qu'il pouvait le faire. Mais lorsque le Titan, poussant à travers les airs ses blancs coursiers, occupait la seconde mesure des heures, marquée par l'ombre du cadran, Memnon rendit de nouveau un son aigu, comme celui d'un instrument de cuivre frappé, et, plein de joie, il rendit pour la troisième fois un son. L'empereur Adrien salua Memnon autant de fois : et Balbilla a écrit ces vers, composés par elle-même, qui montrent tout ce qu'elle a vu et distinctement entendu. Il a été évident pour tous que les dieux le chérissent. (LETRONE, *Recueil*, liv. II.)

Ce que c'est que la bonne ou la mauvaise volonté en matière de prodiges ! Nous avons vu Strabon entendant la statue et déclarant que le son venait d'ailleurs. Voilà maintenant toute une cour qui n'entend rien que quelque frôlement d'armes et qui assure avoir parfaitement constaté que le dieu a chanté.

Tous ces faits montrent bien à quel point d'abaissement était arrivé l'esprit religieux des Romains ; ils n'avaient plus pour les choses divines qu'une curiosité toute personnelle guidée par la superstition la plus mesquine. C'était un peuple qui n'avait plus de croyance, et, quelle que soit la religion qu'on pratique, la différence est grande entre la croyance et la superstition.

La croyance est une manière de comprendre Dieu. C'est une définition idéale, dogmatique ou symbolique de l'Être suprême.

Les croyances font respecter le prochain et soi-même. Elles conduisent à la morale par la persuasion et l'amour.

Elles associent, en quelque sorte l'homme à l'œuvre divine et l'admettent aux sensations, aux conceptions les plus élevées.

Les croyances cherchent à faire la créature à l'image du Créateur.

Les superstitions, elles, ne voient que le détail, cherchent le fantastique et croient divin tout ce qui les étonne.

Les superstitions amènent à penser qu'on peut faire le mal pourvu qu'on le fasse d'une certaine manière.

Elles établissent entre l'homme et Dieu une familiarité telle qu'on finit par ne plus savoir lequel est au service de l'autre.

Les superstitions donnent au Créateur tous les défauts de la créature ; elles font l'Être divin à l'image de l'être humain.

En un mot : les croyances élèvent l'homme vers Dieu ; les superstitions abaissent Dieu vers l'homme.

Tandis que les croyances fortifient les religions, les superstitions les tuent !

Voilà, en somme, ce que nous dit la statue de Memnon.

Elle nous donne, d'autre part, un exemple fort curieux de physique acoustique.

Et elle nous montre enfin que les savants et les archéologues de toutes les époques peuvent se tromper de la meilleure foi du monde.

Quant à l'auteur de cette étude plus ou moins humoristique, il s'est permis de relever sans pitié les erreurs d'autrui, mais il serait heureux si les siennes étaient assez considérables pour être signalées et lui donner des droits à figurer parmi les savants qui se sont occupés de la statue de Memnon.

APOLLON EUPSUCHI
(Toile stuquée)
FOUILLES DE M. A. ALBERT GAYET, A ANTINOÉ

LES
RÉCENTES DÉCOUVERTES ARCHÉOLOGIQUES
FAITES EN ÉGYPTE
(Sténographie)

Mesdames, Messieurs,

Je vais vous entretenir des récentes découvertes faites en Égypte ; cette conférence sera, pour ainsi dire, la suite de celle que je vous ai faite il y a quelques années, lorsque je revenais de l'Égypte ; je vous ai parlé, à ce moment-là, des découvertes qui étaient récentes, il y a quatre ou cinq ans. Depuis, on a toujours travaillé, seulement les chercheurs ont changé de terrain. Le but des archéologues qui s'occupaient de l'Égypte avait été de trouver des monuments donnant des lumières nouvelles sur ce que je pourrais appeler l'histoire classique de l'Égypte, depuis l'époque des Pyramides jusqu'à la période romaine. Or, il se trouve que ces dernières années, soit hasard, soit goût particulier, les découvertes ont amené des documents antérieurs ou postérieurs à ces époques. C'est en dehors de l'histoire classique de l'Égypte que l'on a fait des trouvailles ; je dois pourtant faire des exceptions pour les découvertes de M. Loret, professeur d'archéologie à la Faculté de Lyon, qui a trouvé des tombes royales dont je vous entretiendrai, et vous verrez quelle est l'importance de ses travaux ; mais à part la trouvaille de M. Loret, et les essais de reconstitution de Karnac entrepris par M. Legrain, c'est surtout dans la période antérieure aux Pyramides et postérieure à l'époque grecque que l'on a exhumé des documents.

M. Amélineau, a eu l'idée de s'attaquer à Abydos qui passait pour être l'endroit où l'on avait enterré Osiris. Beaucoup d'Égyptiens tenaient à se faire enterrer autour des tombeaux des dieux. M. Amélineau en faisant ses fouilles avait trouvé justement toutes ces stèles des différents Égyptiens qu'on était venu enterrer, ou qui avaient envoyé dans la tombe d'Osiris des inscriptions pour rappeler qu'ils tenaient à avoir une protection de ce dieu des morts.

M. Amélineau s'était dit : « Puisque tous les auteurs anciens nous disent qu'Osiris était enterré à Abydos, pourquoi ne trouverait-on pas son tombeau ? » Il a fait quelques sondages et il a trouvé un endroit où l'on rencontrait des objets d'un aspect tout particulier, qui présentaient à la fois un caractère de sauvagerie et un caractère de civilisation assez fine. On trouvait des objets en cristal de roche, en ivoire, en or, des métaux précieux très peu, parce que les Arabes avaient déjà passé par là. On trouvait des inscriptions, des sculptures assez bien faites, des faïences vernies, d'un bleu magnifique, et à côté de cela, des choses qui sentaient tout à fait la préhistoire : beaucoup d'armes qui étaient en silex, dont quelques-unes avaient un manche d'or. Il y avait là des objets qui sortaient vraiment de la civilisation que l'on connaissait de l'Égypte. M. Amélineau rencontra des cartouches qui avaient cette particularité d'avoir généralement des mots monosyllabiques, et il en avait conclu qu'il s'agissait de rois antérieurs aux dynasties ; il ne se trompait pas en cela, seulement on crut que le roi Zer était le roi Osiris, le nom ressemblait assez.

Il découvrit même un tombeau du roi Osiris, c'est-à-dire un grand cénotaphe en pierre noire.

C'était ou un tombeau primitif du roi Osiris,

ou la reconstitution de ce tombeau; à coup sûr ce n'était pas le tombeau original, car les savants qui en ont vu la photographie ont reconnu que ce monument était de l'époque saïtique. Sous Psametick on fit venir beaucoup de Grecs en Égypte, et notamment des sculpteurs qui donnèrent aux œuvres des Égyptiens un poli particulier, de sorte que même sur une photographie, on reconnait tout de suite un tombeau refait ou un tombeau ancien. C'était déjà très intéressant de le rencontrer.

M. Amélineau trouva des objets que je vous montrerai tout à l'heure quand nous ferons des projections : des jeux, des pieds de trône en ivoire représentant des pieds de bœufs, et ces jeux dont je vous parle, ce sont des disques en faïence bleue, d'un très beau bleu, et qui sont tout à fait sur le modèle des jeux de l'oie. On commence par mettre des pions autour du cercle, et à mesure que l'on gagne des points, on se rapproche du milieu, quand on est au centre on a gagné; du moins nous supposons que c'était comme cela. On dit, vous savez, que le jeu de l'oie est renouvelé des Grecs.

M. Amélineau trouva encore d'autres tombes de rois, et entre autres, d'un roi Kha Sekhem et d'un roi Kha Sekhemoui. Il pourrait se faire que ce soit le même roi, mais voilà en quoi ce fut intéressant pour M. Amélineau. Le roi Kha Sekhem avait pour enseigne l'épervier, le roi Kha Sekhemoui avait pour enseigne et l'épervier et l'animal appelé Seth. Or, Plutarque a raconté qu'autrefois il y eut la lutte en Égypte entre Horus et Seth, ils ont peut-être régné de concert, de sorte qu'on les a appelés les deux frères. Voilà donc un roi qui, d'abord, n'avait pour enseigne que l'épervier, et qui, plus tard, avait pour enseigne et l'épervier et l'animal Seth ; on a pensé que c'était la lutte et la réunion d'Horus et de Seth, par conséquent, il avait trouvé avec ces rois non seulement le tombeau d'Horus mais le tombeau de Seth.

M. Amélineau fut obligé de cesser ses fouilles, et pendant ce temps, M. de Morgan visitait le sud de Nagada, où il cherchait alors des monuments de l'époque préhistorique, c'est-à-dire des tombeaux de l'époque de la pierre taillée. Il trouva en effet des cadavres avec des formes très primitives, mais il trouva aussi des tombeaux de ces mêmes périodes antérieures aux dynasties des Pyramides, antérieures à la 4ᵉ dynastie. M. Pétrie, un Anglais envoyé par la Société Egypt Exploration Fund, reprit les fouilles de M. Amélineau, il pensa que M. Amélineau avait été peut-être trop vite dans son ardeur française, et il reprit les mêmes terrains que M. Amélineau avait visités; il passa au crible toutes les terres, et il fit une récolte, sur le terrain même de son prédécesseur et bien plus considérable. De plus, il découvrit deux tombes nouvelles de rois, et ainsi on se vit dans un certain embarras de richesses. L'on pensait bien que ces tombes pouvaient être les tombes des rois de la première dynastie. Manéthon nous dit qu'il y avait huit rois, or, on en trouvait plus de huit; il y avait plus de noms qu'il n'en fallait. M. Pétrie remarqua que les noms étaient tantôt sur des espèces d'enseignes de guerre, tantôt sur des cartouches. Quand c'était sur ces bannières, avec un épervier sur une sorte de temple, c'était, d'après M. Pétrie, non pas le nom du roi, et cela a été reconnu juste, mais le nom de son double. Je vous ai expliqué ce que c'était que le double des morts égyptiens. L'Egypt en enterré croyait avoir à côté de lui, dans son cadavre, une autre âme qui était son double, et les rois de la 18º dynastie, dont l'histoire a

été racontée sur les temples, comme le roi
Aménophis III et la reine Hatasou dont je vous
ai dit la vie, sont suivis, tout le temps de leur
histoire, par un petit bonhomme qui est le
double; pendant que le roi grandit, le double
reste à l'état d'enfant, et c'est l'autre âme du
mort. Cette âme avait un nom particulier, par
conséquent, on trouvait donc à la fois le nom
du double et le nom du roi, et, comme M. Pétrie
a remarqué sur certains objets où les noms
étaient réunis, que tel roi avait tel double, on
a ainsi trouvé exactement les huit rois que l'on
cherchait en se débarrassant du double qui
était en trop.

M. Quibell fit des fouilles à Hiéraconpolis, et
là, il trouva des monuments, des temples qui
avaient été élevés par les mêmes rois, qu'on
avait rencontrés à Abydos dans les fouilles de
M. Amélineau et de M. Pétrie; il y eut là des
découvertes encore plus extraordinaires, c'est-
à-dire des rois antérieurs à la première dynastie, et dont n'avaient jamais parlé ni la
table de Sakkara, ni le papyrus de Turin. Cette
dynastie antérieure à la première dynastie,
M. Pétrie l'a appelée la dynastie *zéro*. Et, comme
il est probable que l'on trouvera encore des rois

plus anciens que ceux que l'on a trouvés dans la dynastie *zéro*, qui seront en remontant les âges encore plus archaïques, nous aurons des rois au-dessus de *zéro*. Voyez donc quel intérêt présentent ces trouvailles. L'histoire de l'Égypte qui avait l'air de se perdre dans les légendes, qui commençait par des rois que l'on croyait des dieux, et qui paraissaient tout à fait mythologiques, eh bien, cette histoire, on la prend corps à corps, on trouve les temples qui ont été construits par ces rois; les faits de leur existence commencent à se connaître, et peu à peu nous ferons certainement l'histoire de cette préhistoire avec autant de sécurité que l'on a déjà fait l'histoire de l'Égypte.

Je vous montrerai quelques-uns des objets qui ont été trouvés dans ces fouilles, et vous verrez que, sur ces objets, il y a déjà un commencement de chronique; il y a même des tentatives d'écriture, de langage et de littérature. On voit bien que la civilisation égyptienne débute un peu, que les lettres se forment. Les noms des rois indiquaient qu'il y avait un moyen alphabétique d'écrire les mots, puisqu'on peut les lire, mais le difficile était de faire des phrases avec ces hiéroglyphes, avec ces rébus, eh bien, je vous montrerai tout à l'heure une phrase qui est moins ancienne que les époques dont je vous parle, elle est du 5ᵉ roi de la 3ᵉ dynastie, c'est à cette époque que la syntaxe a commencé à se faire jour. Il y a une inscription qui raconte que les chefs vainqueurs viennent au palais du roi pour qu'il leur donne un tablier d'honneur, c'est ce que l'on a expliqué, et c'est fort intéressant de l'avoir découvert.

On a découvert aussi, à Hiéraconpolis, une tablette que je vous montrerai, qui est à deux faces, et qui représente un résultat de guerre. Le roi Narmer de la dynastie *zéro*, antérieure à la première dynastie, y raconte ses batailles ; à mesure que je vous montrerai la tablette, je pourrai vous en donner l'explication plus saisissante.

Voilà donc le premier butin que les archéologues ont fait dans les parties qui sont, pour ainsi dire, antérieures à l'histoire, et vous verrez que les quelques documents que nous avons nous donnent bien de l'histoire pure, et ce qui était devenu plus tard des symboles religieux était seulement des symboles historiques. On voit des enseignes de régiments qui vont à la guerre, et ces enseignes, ce sont des dieux en préparation, si je peux m'exprimer ainsi, c'est de l'histoire, de la géographie que l'on nous raconte par les animaux, qui tous désignent des rois et des contrées. Si bien que, lorsque M. Amélineau a cru avoir trouvé le tombeau d'Osiris, d'Horus et de Seth peut-être il ne s'est pas trompé autant qu'on veut le croire.

Je passe maintenant rapidement aux fouilles relatives à la période historique de l'Égypte, c'est-à-dire la reconstitution de M. Legrain et les découvertes de M. Loret. Il y a certainement beaucoup d'autres archéologues qui ont travaillé dans les monuments de cette période, mais ce qu'ils ont trouvé est un peu le résultat courant de toutes les découvertes et je vous demande la permission de ne pas vous en entretenir. M. Legrain a été chargé par le service des Antiquités de faire, non seulement des trouvailles, mais de conserver les trouvailles qu'on avait faites. Je ne sais si vous vous souvenez des photographies que je vous ai montrées, d'un grand temple que le Nil venait baigner tous les ans, et dans lequel il y avait une salle avec des colonnes énormes. Une de ces colonnes, dont la base était baignée par le Nil, s'était couchée sur sa voisine; presque toutes ces colonnes sont tombées, quinze colonnes ont été renversées, il a fallu les relever et les reconstruire. M. Legrain a fait tout cela avec deux ou trois ingénieurs, quelques contremaîtres et la masse des petits enfants qui apportaient de la terre ou qui remportaient de la terre. On a eu l'idée de se servir tout simplement du procédé que les anciens employaient, je parle des gens du Nil et surtout des prisonniers de guerre, car il est probable que toutes les fois qu'un roi a fait de très grandes constructions, il utilisait les prisonniers de guerre. M. Legrain, avec des engins assez ordinaires a démoli ces temples gigantesques et les a reconstruits. Il y avait des blocs qui pesaient 15 tonnes, il les a posés sur une montagne artificielle, et ils ont été remis en place avec une assez grande facilité. Ce travail a été fait en deux ou trois ans, si bien que maintenant la salle de Karnac est entièrement reconstituée et consolidée. Ce résultat, non seulement demandait des forces énormes, mais en même temps beaucoup de soins, pour ne pas abîmer toutes les peintures, toutes les sculptures; et il a été tellement bien fait que, maintenant, on ne s'apercevrait pas du tout que le monument a été démoli et reconstruit. La chute de ces colonnes avait endommagé le grand pylône de Karnac. Devant toutes les entrées d'un temple il y avait un pylône, c'est-à-dire une véritable montagne de construction, comme une pyramide tronquée qui s'en va en pointe. On s'est toujours demandé comment les anciens avaient pu amener là une telle quantité de matériaux en si peu de temps. Ce pylône endommagé a donné sur les pylônes de la 18ᵉ dynastie des renseignements qui ne sont pas flatteurs pour eux; on croyait que c'était des constructions solides, et c'était tout simplement un revêtement comme une croûte de pâté que l'on soignait assez, et dans l'intérieur, il y avait toutes sortes de débris, on mettait pêle-mêle tous les remblais que l'on pouvait trouver. Cela a beaucoup effrayé M. Legrain; il s'est dit: « Si les pylônes sur lesquels je compte ne sont pas plus solides il va donc falloir les reconstruire. » Et c'est ce qu'il a fait, mais par les brèches qui avaient été faites, il a examiné les remblais que l'on avait mis dans les pylônes, non seulement dans celui qui était endommagé, mais dans les autres, et il a trouvé là, alors, des monuments plus anciens que les temples de Karnac; c'était avec des débris d'anciens temples qu'on avait comblé l'intérieur de ces pâtés dont je vous parlais tout à l'heure. C'est ainsi qu'il a trouvé des pierres ayant servi à un monument de la reine Hatasou. C'était fort intéressant parce que ce monument n'avait pas le nom de la reine martelé comme dans tous les monuments de Thèbes ou dans les environs de cette ville. Si vous vous souvenez de ce que je vous ai raconté sur cette reine, elle a gouverné pendant trois règnes, celui de son père, de son mari et de son beau-fils, elle a pour ainsi dire usurpé le pouvoir; aussi, lorsque le roi Touthmès III est monté sur le trône, il a fait marteler le nom de la reine, et partout fait badigeonner en jaune les prières en faveur de son âme. Cette reine se faisait représenter en homme, cela intriguait beaucoup les savants qui s'occupaient de l'Égypte, un roi qui était représenté avec un corps d'homme et même un peu nu dans les grandes représentations religieuses et dont les textes indiquaient une femme. On a fini par savoir que ce roi c'était la reine Hatasou. M. Naville qui a fait les fouilles et qui a déblayé le temple de la reine à Deïr el Bahari s'est fait une spécialité de tout ce qui touche à cette reine, et il a bien voulu que la publication de cette découverte soit faite dans nos Annales.

Je vous montrerai tout à l'heure des travaux de M. Legrain, et vous verrez qu'à force de déblayer, il a fait des découvertes assez intéressantes. Il faut vous dire que quand il a besoin de ces grandes masses de terre pour pouvoir faire des constructions ou des reconstitutions, il profite de cela pour déblayer d'autres parties, et il a trouvé un temple que l'on ne connaissait pas, c'est un magasin qui est rempli de sphynx à têtes de béliers. Il y a une avenue qui est bordée à droite et à gauche de béliers gigantesques; on a trouvé un magasin de ces béliers qui étaient destinés à orner une autre avenue; on les utilisera à orner la première avenue qui était incomplète, parce que beaucoup de musées d'Europe en ont emporté; d'autres ont été détruits par les Arabes. Il a pu, grâce à ce magasin, reconstituer l'avenue des béliers qui va de Luxor jusqu'à Karnac et qui a presque deux ou trois kilomètres de long.

A côté de ces trouvailles, ou plutôt de ces travaux, je dois vous parler avec quelques détails de la découverte que M. Loret fit dans la vallée de Biban el Molouk, de tombes royales.

Vous vous souvenez, je suppose, de ce que je vous ai dit, il y a trois ou quatre ans, que la vallée de Biban el Molouk a été utilisée pour creuser les tombeaux des rois de la 17e, 18e, 19e et 20e dynastie ; ces tombeaux ont été connus à l'époque grecque, et les auteurs grecs nous ont dit qu'il y en avait quarante, puis ils ont été oubliés. Peu à peu on les a retrouvés, mais pour le moment on n'en connaît que vingt-cinq ; il y en avait donc quinze qui manquaient. M. Loret a pensé que, puisqu'il en manquait quinze, il ne perdrait pas son temps s'il faisait des sondages dans cette vallée de tombes royales. Après avoir fait des essais dans un endroit très rétréci, dans un passage qui n'avait pas un mètre de large, entre les rochers, il trouva l'entrée d'un hypogée qui était taillé dans le roc vif; il se composait, comme tous les tombeaux généralement, d'un escalier très rapide, d'une pente, d'un autre escalier, d'une pente et d'un puits profond de quinze mètres. Quand on n'est pas prévenu, que l'on va avec trop d'entrain dans ce souterrain, on glisse comme les gamins de Lyon qui descendent de la Grand'-Côte quand il gèle, et on pique sa tête dans le puits. Il faut donc aller avec beaucoup de précautions, il faut se munir d'une échelle pour remonter, et généralement l'ouverture qui est de l'autre côté du puits est murée. M. Loret s'en est aperçu quand il est arrivé au puits, devant lui il y avait une grande surface qui était sculptée et peinte ; en grattant, en frappant, il reconnut qu'il y avait un vide derrière le mur, en démolissant, il trouva une seconde série d'escaliers et de pentes rapides. C'est ce que M. Loret a découvert dans un tombeau qu'il sut plus tard être celui de Touthmès III.

Il descendit dans les nouvelles galeries, et il arriva à une salle immense, une cathédrale qui était taillée dans le roc, supportée par quatre piliers qu'on avait laissés et qui appartenaient au roc primitif ; et dans ce tombeau, il ne trouva pas de cercueil en bois, il ne trouva pas le roi, puisque M. Maspero l'avait déjà découvert dans la cachette de Deïr el Bahari. Mais il trouva le sarcophage qui était fait d'une pierre d'un rouge translucide, merveilleux. Il l'apporta au jour, et il vit que c'était une pierre blanche teinte en rouge. C'est le premier exemple que l'on a de cette teinture sur pierre. Autour de cette grande salle, il y avait d'autres salles plus petites et qui étaient remplies de tous les approvisionnements nécessaires à la vie du roi mort, quantité de nourriture, des oiseaux empaillés et contenus dans des sarcophages de la forme de l'oiseau, et des bœufs entiers mis dans des sarcophages ayant la forme d'un bœuf.

Je vous montrerai tout à l'heure quelques détails de ce tombeau, et notamment une peinture très intéressante qui nous fait voir toute la famille royale de Touthmès III. Il y a dans cette famille surtout des femmes, et il y en a deux qui sont désignées comme étant deux épouses différentes ; or, justement, M. Loret, dans les premières salles a trouvé deux corps de femmes très bien embaumés, il supposa que c'étaient les corps de ces deux épouses.

A quelque temps de là, M. Loret fit une autre découverte d'un tombeau presque semblable, celui d'Aménophis III et celui-là, il le trouva en grand désordre; c'était un amas de débris, de pierres, d'objets en bois, en poterie, en faïence, et à coup sûr ce tombeau avait été visité et pillé à plusieurs reprises. Il put pourtant parvenir jusqu'à la grande salle, au milieu de tous ces débris et il trouva dans cette salle, qui était rectangulaire et à six colonnes, le sarcophage] du roi, qui était de cette même pierre teinte ; et le corps était dedans. Je n'ai pas besoin de vous dire la joie de l'archéologue quand il trouva justement l'objet qu'il cherchait, c'est-à-dire le corps du roi. Les pillards avaient pris les bijoux et laissé le cadavre comme n'étant pas intéressant. Avec le cadavre on avait découvert des couronnes de fleurs qui étaient sur la tête et sur les pieds et que M. Loret a recueillies avec beaucoup de soins. Tout autour de la chambre du roi, il y avait des salles plus petites, carrées ; dans la première à gauche, il y avait des quantités de vases en porcelaine et des faïences peintes qui avaient dû contenir des parfums et des liquides précieux. Puis, dans une autre salle, il y avait des jarres immenses qui avaient été remplies de grosses provisions, de blé, de vin ; dans celle de droite, il trouva trois cadavres retirés de je ne sais quelles tombes et qu'on avait déposés là. Il y avait même un quatrième cadavre qui était dans une barque. Je dois vous dire que, dans la première salle, il y avait trois barques fort belles ; c'étaient probablement les barques qui contenaient ces quatre cadavres, celui qui est dans la barque et les trois autres que l'on a trouvés à part. Ces trois cadavres que je vous montrerai sont ceux d'un homme, d'un enfant et d'une femme. L'enfant est très intéressant ; il a la tête entièrement rasée, excepté une énorme touffe de cheveux qui est sur la droite, c'est la marque caractéristique de tous les enfants royaux. Le jeune dieu Horus est toujours représenté avec sa petite touffe de côté, et c'est la première fois que l'on voit cette touffe sur un cadavre royal.

Il y avait quatre petites salles autour de la grande, M. Loret en avait visité trois et la quatrième lui présenta quelques difficultés, parce qu'elle était murée. Avec grand'peine, il enleva quelques pierres, il pénétra par le haut muni d'une bougie et il put reconnaître qu'il y avait là neuf sarcophages, entassés les uns sur les autres, et qu'ils étaient royaux, analogues à ceux de la cachette de Deir el Bahari.

Il put, avec grand soin, enlever tous ces cadavres ; il fit faire des caisses et il emmena toute sa trouvaille sur les bords du Nil, pour la conduire au musée de Guizeh. En fait de petits objets ou d'objets autres que les cadavres, il y avait plus de trois mille pièces, de quoi remplir plusieurs barques. Quant aux cadavres royaux, c'étaient ceux de Touthmès IV, d'Aménophis III, le constructeur du magnifique temple de Luxor. Dans la cuve de Ramsès III, il y avait le corps de Seti II, il y avait également le corps de Ramsès IV, de Ramsès V, de Ramsès VI, le corps de Si-Phtah et ceux de rois peu connus. Enfin la partie la plus intéressante au point de vue historique, c'était le corps de Kou en Aten. Vous devez vous souvenir que je vous ai fait voir des photographies de ce roi. Ces photographies vous montraient un roi et même une reine qui était sa femme, avec des proportions de corps singulières, la tête en pointe, la taille très fine, d'énormes jambes et qui, ordinairement, conduisaient des chevaux magnifiques. Ce roi avait fait une révolution religieuse, c'était un asiatique, un assyrien et il avait le culte d'Adonaï. C'est pour cela qu'il était intéressant de trouver le corps de ce roi pour constater si les représentations que l'on a vues dans ses tombeaux donnaient vraiment son portrait, la tête en pointe et toutes les espèces de difformités qui le caractérisaient. Mais une difficulté s'est présentée : au moment où M. Loret allait embarquer le tout, il reçut une dépêche du Caire qui lui disait de ne rien enlever de la tombe et de remettre tout en place. Il y avait déjà huit jours que le travail était commencé, et tout était mis en caisses. M. Loret pensa que c'était une mauvaise plaisanterie, et il continua, mais il reçut une deuxième dépêche lui disant qu'il fallait absolument tout remettre en place. Il a donc remis le roi dans son sarcophage rouge et les autres cadavres dans leur cachette, et il est parti.

Je me demande encore quelle était l'idée qu'on avait. L'excuse qu'on en a donnée était celle-ci : c'est qu'il était intéressant pour les touristes de voir les objets là où on les avait trouvés. Je n'ai point besoin de vous dire qu'on a eu tort de faire venir les touristes, car tout a été pillé ; de magnifiques morceaux si intéressants, des documents de premier ordre ont été la proie des visiteurs. Il est vraiment regrettable que cette découverte ait été éparpillée de la sorte, car elle aurait pu non seulement faire honneur à M. Loret, mais rendre de grands services à la science. On a arrêté le savant au moment où il allait cueillir les fruits de sa récolte archéologique.

Je vais, maintenant, si vous le permettez,

passer à la troisième partie de ma conférence, c'est-à-dire aux découvertes faites à partir de l'époque grecque; là, je serai d'autant plus à mon aise que les découvertes dont je vais vous entretenir, c'est un peu le Musée qui les a faites. Lorsque j'entrepris mon dernier voyage en Égypte, je cherchais à ce moment-là des monuments qui nous donnent des combinaisons des divinités grecques et romaines avec les divinités égyptiennes. J'ai trouvé sur l'emplacement d'Antinoë un temple romain qui avait tout à fait le caractère des temples de l'Isis romaine. J'ai prié M. Gayet de vouloir bien faire quelques sondages pour voir si l'on ne trouverait pas une statue de la déesse. Il eut l'obligeance de s'en occuper, et il a rencontré, à l'endroit même où je l'avais indiqué, une Isis sous la forme romaine, qui est maintenant au Musée. C'était tout ce que je désirais, et profitant des quelques fonds qu'il avait en mains, M. Gayet fit des fouilles, et il reconnut quatre cimetières différents, qu'il appela naturellement A. B. C. D.

L'un était un cimetière égyptien.

L'autre était un cimetière romain caractérisé par ce fait que les cadavres étaient non pas momifiés, mais trempés dans du goudron, entourés de bandelettes, et presque tous avaient leur portrait en plâtre sur la figure. Cela nous donna donc une série de portraits qui étaient en quelque sorte la photographie de l'époque.

Le troisième cimetière avait plusieurs corps embaumés; il y avait des corps qui étaient desséchés par la siccité du sable dans lequel on les avait placés. Ils étaient simplement entourés de bandelettes et enveloppés de nombreux linceuls. Mais on les enterrait aussi habillés, et M. Gayet a apporté au Musée quelques-unes de ces étoffes qu'il avait trouvées. Parmi ces étoffes, il y a des soieries extraordinaires, et d'après le dessin de ces soieries, les savants en conclurent que c'était des soieries sassanides; elles sont donc antérieures aux vêtements sur lesquels elles étaient cousues; en effet, ce sont des vêtements ornés de fragments de soie. On a pensé que les grands dignitaires d'Antinoë de l'époque byzantine, à la fin de la période romaine, prenaient de vieilles étoffes en soie, les coupaient pour faire des manchettes, des cache-coutures, des tours de cou. La difficulté, pour ces étoffes, est qu'elles avaient été utilisées déjà vieilles, leur long séjour dans la terre, pendant près de deux mille ans, les avaient presque fusées, et dès qu'on les touchait, elles tombaient en poussière. Néanmoins, ces quelques fragments donnèrent l'idée à la Chambre de Commerce de Lyon de faire des fouilles, et l'année suivante, M. Gayet fut prié par la Chambre de Commerce de Lyon et par le Musée, de chercher à nouveau ces choses intéressantes. Mais, après les fouilles, il a fallu porter ces objets et ces étoffes depuis le cimetière où ils devaient être emballés, jusqu'au Musée de Guizeh où les Arabes font le partage, et avec quelle intelligence ! Ils prennent les étoffes et les déchirent en deux; à ce métier-là, toutes les soieries se sont brisées en fragments, ou presque toutes, et sont tombées en petites parcelles. Les Arabes étaient d'autant plus pressés qu'ils avaient d'autres partages à faire, de sorte que le choix a été fait très brutalement, très vite, et M. Gayet s'est trouvé à la tête de débris qui n'avaient pas de forme. Il eut l'idée de demander un balai, il avait un journal dans sa poche, il y mit tous les petits fragments, et c'est dans ces débris que nous avons trouvé ces étoffes magnifiques. Je n'ai pas besoin de vous dire la peine qu'il a fallu se donner pour faire la reconstitution de ces étoffes, il a fallu faire des dossiers, des classeurs pour les couleurs et les dessins, qui se trouvaient en petits morceaux, et qui donnaient une idée de l'étoffe toute entière. Ces costumes intéressèrent particulièrement des Parisiens. M. Thomas, le costumier de l'Opéra, demanda la permission de les dessiner, et il fit des patrons de ces costumes byzantins, en reproduisit les différents ornements, et c'est avec cela qu'on a pu remonter la pièce de *Théodora*. C'est avec ces dessins que l'on a refait les costumes de tous les figurants et de tous les acteurs.

M. Thomas avait été tellement frappé de l'intérêt de ces trouvailles qu'il imagina de les faire figurer dans le Palais du Costume, et c'est lui, avec quelques amis, qui firent les fouilles de la troisième année, entièrement à leurs frais. On y vit tout ce qu'ils trouvèrent à Antinoë plus d'autres documents que M. Gayet eut l'idée de chercher à Damiette; il se dit : « Comme à l'époque de saint Louis, il y eut beaucoup de croisés morts en Égypte, je trouverai des guerriers européens, des guerriers français avec leurs vêtements, » et, en effet, vous avez pu voir tout cela au Palais du Costume, des croisés français momifiés et très bien conservés, avec leurs armures. Il y eut des découvertes excessivement intéressantes l'année suivante, c'est encore le Palais du Costume qui fit les fouilles à Antinoë, mais ces dernières fouilles sont arrivées après l'Exposition, et on m'a demandé l'autorisation de les faire voir dans le vestibule du Musée. Tout cela avait été un peu long à déballer et à organiser, et pendant ce temps-là, le Ministre de l'Instruction publique avait donné de l'argent à M. Gayet pour faire de nouvelles trouvailles. Il y eut simultanément au Musée, dans le vestibule, la seconde exposition du Palais du Costume, et au second étage les derniers objets que M. Gayet avait découverts pour le compte de l'État.

Je vais, si vous le voulez, rapidement vous énumérer les documents les plus curieux : Dans la première exposition, il y a la tombe d'une dame appelée Euphémian qui était entourée d'une quantité d'étoffes qu'elle avait probablement brodées elle-même, car on a trouvé dans son tombeau tous les instruments possibles pour broder, ainsi que des bijoux en pierre précieuse qui ornaient son corps. Le cadavre avait été mis sous scellés, entouré de ficelles qui étaient marquées avec des petits plombs qui avaient le nom d'Antinoë. C'était la municipalité de la ville qui avait fait mettre ces scellés. On ne sait pas pourquoi.

On a trouvé entre autre, très intéressant encore, un personnage qui avait des vêtements avec des dessins tissés d'après des représentations de vases antiques. Le dessin est tantôt noir sur clair, tantôt jaune ou rouge sur noir, les vases grecs avaient un dessin formé de silhouettes noires avec des gravures de couleur claire, eh bien ! les étoffes représentent cela ; ce sont des silhouettes noires avec des gravures très claires, qui donnent des détails des gestes de personnages qui ont été faits d'après des tableaux connus, ou des vases célèbres de l'antiquité.

Il y a aussi la tombe d'Aurelius Colluthus et de sa femme Tisoia ; cette tombe est intéressante à beaucoup de points de vue. On y a trouvé des papyrus grecs, et l'un de ces papyrus était le testament, l'autre un contrat de vente, il est assez curieux de voir que les termes ne diffèrent en rien de ceux que l'on emploie aujourd'hui. Je vais vous demander la permission de vous lire l'acte de vente.

Tout ce qu'il donne dans son testament, et le contrat de vente qu'il fait à sa femme, et aussi celui d'une maison indivise entre lui et sa sœur, on suppose que cela formait une vente fictive ; il y a les sept témoins réglementaires et le prix a été payé en or par sa femme.

Contrat de Vente (2 Mars 454)

« L'année après le consulat de Flavius Vincomallus et Opilion, les très illustres, le 6 phaménoth de la septième indiction, à Antinoopolis, la très illustre.

Je, soussigné Aurélius Colluthus, fils de Sérénus et d'Euthymia, d'Antinoopolis, la très illustre, à Aurélia Tisoia, fille de Joséphius..., de la même ville, salut. Par ce contrat simple, je jure t'avoir sans regrets et de bonne foi vendu et cédé, à tout jamais et en toute sécurité, la moitié m'appartenant et m'étant venue par héritage d'une maison avec puits, souterrain, cour et tout son mobilier, ayant eu égard aux droits de mon co-propriétaire Tamounia, ma sœur, femme de Besa, de la même ville..... Les limites en sont, telles que moi, le vendeur

je les ai déclarées : au sud la maison d'Apa...;
au nord la voie publique ; à l'ouest une étable
possédée en commun par moi et les (fermiers)
du prêtre Chérémon ; à l'est (la maison) de
Colluthus, le fondeur d'or ; ou telles que pourront être ces limites en tout sens, de tous les
côtés.

Et le prix convenu et agréé est de neuf
pièces d'or impériales, éprouvées et pesées;
ci : *Pièces d'or 9*. Et moi le vendeur je les ai
reçues de toi l'acheteuse, sur le champ, en
entier, de la main à la main, et afin que tu
conserves tous les droits attachés à ta moitié
de la susdite maison (savoir que toi l'acheteuse
puisses dorénavant régir, posséder et administrer la susdite moitié de maison que je t'ai
cédée comme il est dit plus haut), je t'en ai
livré la direction et la possession, avec le droit
de l'administrer et de la gouverner et de l'améliorer et de la transmettre à des héritier ou à
des locataires, et de la vendre si tu le désires,
et sans que je puisse t'en empêcher : et ceci je
le confirme, moi le vendeur et les miens, à toi
l'acheteuse et aux tiens, par toutes garanties,
quoi qu'il survienne ou soit survenu, quelque
réclamation qu'il se produise ou se soit pro-

duite, ou bien il me faudra payer le double du prix énoncé plus haut et le double de tous autres frais et dépenses, en sorte qu'il ne t'en coûte rien, ni à toi, ni aux tiens. Et j'ai dressé ce contrat fixe et valide quoi qu'il advienne, et enregistré dans les archives publiques, et je l'approuve et j'y souscris et, interrogé, j'ai prêté serment.

(Signé): Aurélius Colluthus, fils de Sérénus déjà nommé, reconnais avoir vendu la susdite moitié de maison et de cour, avec tout ce qui s'y rattache... »

Au verso du papyrus on lit :

« Vente faite par Colluthus, de la moitié d'une maison pour neuf pièces d'or. »

Certificat Médical (13 Février 455)

« L'année après le consulat de Flavius Aétius et de Studius les très illustres, le 19 méchéir de la huitième indiction, Aurélius Hypatius, antiscribe d'Apollonopolis, à Aurélia (Tisoia ?) d'Antinoë... Aujourd'hui savoir le dix-neuf méchéir de la huitième indiction, j'ai franchi ton seuil en compagnie d'Ammonius Brekon et de Besa et de Colluthus et d'Apollon, et je t'ai vue, te trouvant alitée et incapable de quitter le lit à cause de ton mal ; et, pour qu'on ne t'inquiète pas, je t'ai donné le certificat ci-dessus. (Signé) : Aurélius Hypatius, antiscribe d'Apollonopolis Micra, je témoigne (de la vérité) du certificat ci-dessus... »

Vous voyez que toutes ces formules sont exactement celles que l'on emploie maintenant ; les procédés qui ont été utilisés pour avantager sa femme sont ceux dont on se sert encore.

Puisque je vous parle de papyrus, je dois vous dire qu'on a trouvé des cartonnages de momies qui étaient faits avec des vieux papiers qui étaient de vieux papyrus, on a eu l'idée de les décoller et on a pu les lire. Je ne sais si vous avez vu une communication de M. Cagnat qui a donné la traduction de quelques-uns de ces papyrus. Je vais vous en lire un, c'est la lettre d'un petit garçon à son père :

« Crois-tu que ce soit gentil à toi de ne pas m'avoir emmené avec toi à la ville ? Eh bien, si tu ne veux pas m'emmener avec toi à Alexandrie, je ne t'écrirai plus de lettre, je ne te parlerai plus, je ne te dirai plus bonjour. Et puis si tu vas à Alexandrie, je ne te prendrai plus la main, je ne te saluerai plus jamais.

Voilà ce qui arrivera si tu ne veux pas m'emmener. Maman a dit à Archélaüs : « Si son père ne l'emmène pas, cela le mettra hors de lui. » Tu as été bien gentil de m'envoyer un beau cadeau le douzième jour de ton voyage. Je t'en supplie, envoie-moi une lyre. Si tu ne le fais pas, je ne mangerai plus et je ne boirai plus. Voilà. »

« Bonne santé. »

C'est un petit gamin ; on voit pourtant qu'il aime beaucoup son père, mais c'est un enfant qui en fait à sa tête.

Il y a encore d'autres lettres de soldats que je ne vous lirai pas, vous en avez peut-être tous reçu et vous savez ce que c'est ; l'un d'eux écrit pour avoir de l'argent de sa mère. Il en était ainsi, il y a deux mille ans. Si je vous rappelle tout ceci, c'est pour vous montrer combien l'humanité change peu, et que, plus nous pénétrons dans cette antiquité, plus nous voyons que les hommes sont toujours les mêmes.

Je vous montrerai également tout à l'heure la tombe de la fameuse Thaïs et du non moins fameux Sérapion. Pressé par le temps, je ne m'étendrai pas trop longtemps sur ce sujet sur lequel on a écrit beaucoup d'articles dans les journaux de Paris. On ne sait pas si c'est la véritable Thaïs et ce qui embrouille beaucoup la question, c'est qu'on ne connaît d'elle que la musique de Massenet et le roman d'Anatole France, lequel s'est servi de tous les livres coptes que nous avons publiés au Musée, que l'on trouve au Vatican et qui ont été utilisés pour la *Vie des Saints*. Quant à mon opinion, je n'en ai pas. D'ailleurs, je ne tiens pas à ce que ce soit Thaïs, mais je puis vous dire que c'est d'après ces documents que nous croyons l'avoir. Cette sainte jouit d'une très mauvaise réputation, elle s'est livrée à un dévergondage célèbre puis à des macérations considérables avant de se faire religieuse. Je ne la trouve pas très intéressante et je préférerai que notre momie soit une bonne bourgeoise comme Madame Tisoia qui a fait le bonheur de son mari et a été une bonne mère de famille tout simplement.

Projections

1. *Sépulture à attitude repliée.* — Je vous ai parlé des fouilles de M. de Morgan à Nagada. Il y a trouvé les tombes des gens qui habitaient

l'Égypte avant la période historique. Voici la reproduction d'une de ces tombes. Le cadavre est replié sur lui-même comme au Mexique et dans certaines stations préhistoriques. Il y avait des vases très grossiers.

2. *M. de Morgan et le père Schell dans leur atelier du Louvre.*— Pour me documenter je suis allé voir à Paris M. de Morgan ; il arrivait de la Perse avec le père Schell et il déballait tout ce qu'il rapportait de Suse, notamment, comme vous le voyez, des espèces d'obélisques. Le père Schell croit que l'on peut trouver là le début des hiéroglyphes égyptiens.

3. *Plaquettes d'Hiéraconpolis.* — C'est la fameuse plaquette du roi de la dynastie *zéro*. Elle est en schiste et sculptée des deux côtés. On voit le roi coiffé de la couronne de la Haute-Égypte, il est en train d'assommer un prisonnier pris dans une bataille, il est suivi de son porte-sandales qui tient un vase à libation. Voici l'épervier Horus, symbole de la royauté ; une des pattes de l'épervier se transforme en main et tient une corde qui est fixée dans les narines et dans la lèvre du prisonnier par un anneau.

4. *Revers de la plaquette.*— Le roi revient triomphant, on voit les enseignes des peuples

des différentes parties de l'Égypte qui ont prêté leur concours. Il est encore suivi de son porte-sandales. Cette sorte de caducée représente sans doute les peuples vaincus car on leur a mis des têtes de serpents enchaînées par le cou.

3. Plaquettes d'Hiéraconpolis

En bas, le roi, sous la forme d'un taureau est en train de détruire une ville forte. Il n'a qu'à donner un coup pour en avoir raison.

5. *Bracelet de perles en pierres précieuses.*

6. *Bracelet orné d'améthystes et de turquoises.* — Ici sont les bijoux trouvés par

M. Pétrie dans la tombe du roi Djer, fils de Ménès. Je vous ai montré dans ma dernière conférence des bijoux de la 12ᵉ dynastie trouvés à Dashour par M. de Morgan; on croyait que c'était les bijoux les plus anciens qui aient été faits ; mais en voilà qui leur sont antérieurs de trois ou quatre mille ans. Je voudrais pouvoir vous montrer la nature des pierres, on y retrouve le bleu vert de la turquoise et le violet de l'améthyste.

7. *Le bras de la Reine.* — Voici comment les bijoux étaient placés près de l'épaule, au haut du bras.

8. *Bracelet aux enseignes d'Horus.* — Des plaquettes d'or alternent avec des plaquettes de turquoise, on y voit le nom du roi Djer, surmonté de l'épervier mitré d'Horus.

9. *Collier orné d'améthystes et d'émeraudes.* — Les fleurs sont en or. Celle du milieu est ciselée dans un morceau d'or massif.

10. *Bouchons de vases en terre séchée.* — Je vous ai parlé des grandes jarres qu'ont trouvées dans les tombes préhistoriques, MM Amélineau et Pétrie. Ces jarres étaient fermées avec des morceaux de terre glaise sur lesquels on avait roulé un cylindre gravé. Or, ce fait de faire une

empreinte avec un cylindre est tout à fait asiatique.

11. *Pieds de trône.* — M. Amélineau a trouvé à Abydos une quantité d'objets en ivoire, tels que des pieds de trône en forme de pieds de bœufs.

12. *Jeux en faïence bleue.* — Voici le jeu de l'oie dont je vous ai entretenu. C'est un damier hélicoïde. Pour jouer, on commence par mettre le pion sur le numéro 1 qui est à la circonférence, on jette des dés, il faut que les numéros vous fassent parvenir à la case du centre et l'on a gagné.

13. *Stèles des femmes, des nains et des chiens.* — Voici des inscriptions funéraires trouvées à Nagada, par M. de Morgan, dans un tombeau immense au centre duquel était le roi. On se demande si, comme chez certaines peuplades de l'Asie, on n'enterrait pas, avec le roi, tous les personnages de la cour ainsi que tous les animaux qui étaient ses favoris. Au fond de chaque tombe est écrit le nom de la personne que l'on devait y mettre, ce qui fait supposer que les tombes étaient préparées avant la mort; cependant nous aimons mieux croire que les choses ne se passaient pas ainsi et que l'on

attendait que les gens veuillent bien mourir. Voici le nain Hap et la femme Tesen ; Teta et Nib sont des chiens.

14. *Stèles à l'épervier.*— C'est la fameuse stèle du roi Djer que M. Amélineau a cru être la tombe du dieu Horus. Le bas représente l'entrée d'une tombe ; au-dessus se tient l'épervier. Quant au serpent qui est au milieu, c'est le nom du roi.

15. *Stèles royales.*— Nous voyons là d'autres noms de rois, mis au jour par MM. Amélineau et Pétrie.

16. *Magasins de grands vases.*— Ce sont les jarres dont les bouchons de terre glaise étaient marqués au moyen de cylindres.

17. *Couteaux en silex.*— Le manche est en or finement gravé. On y voit deux serpents enlacés comme autour d'un caducée. C'est une formule asiatique. J'ai vu, aux Indes, des stèles funéraires avec ces deux serpents. On les trouve aussi à Carthage. Il est intéressant de rencontrer l'usage du silex taillé à une époque où l'art était déjà très développé.

18. *Hiéroglyphes primitifs.* — C'est une tablette d'ivoire qui a été le succès des découvertes de M. Pétrie, car c'est le premier essai de

phrases que l'on vit. En voici la traduction : *Les chefs* (trois têtes), *grands* (trois colonnes), *viennent* (deux jambes qui marchent), *au palais du roi* (la coupe du palais en élévation). Il est formé d'une cour crénelée, d'un pylône décoré de mats et de la salle du trône), *pour qu'il donne* (le bras tendu et la vipère, pronom de la troisième personne « il »), *un tablier d'honneur* (le tablier avec ses deux brides). C'était les palmes académiques de l'époque. Lorsque les grands en avaient assez, ils rendaient leur tablier.

19. *Stèle du roi Nit-Meri.* — Le nom est formé d'un hiéroglyphe encore indécis et de la pioche formée de deux bâtons réunis par une corde ; cette jonction était devenue le symbole de l'amitié, *meri* veut dire *ami*. C'est le quatrième roi de la 1ʳᵉ dynastie.

20. *Statue du roi Ka-Sekhem.* — C'est le dernier roi de la 1ʳᵉ dynastie. La statue a été trouvée par M. Quibell.

21. *Champ de bataille.* — Cette scène orne le socle de la statue. Ne voyez pas là un corps de ballet. C'est la fin d'un combat. Les vaincus sont en partie tués, d'autres s'enfuient en criant. Tout cela est dessiné avec un certain mouve-

ment; il y avait déjà des artistes ! Le haut du paysage est un exercice d'arithmétique. Dans un marais on voit quatre poteaux, un groupe de quatre et un groupe de trois feuilles de lotus, soit sept mille et avec les quatre poteaux 47.000 ; puis deux crochets qui représentent les centaines et enfin neuf petites barres qui sont les unités, total : 47.209 tués ; ce tableau est le tableau. Au loin, encore des feuilles de lotus perdues dans les joncs, se sont les milliers de disparus.

22. *Tête d'épervier en or.*— Ce superbe bijou remonte à la même époque.

23. *Le roi Ka-sekhem frappe un prisonnier qu'il tient par les cheveux.* — La scène, bien mouvementée, est d'un art assez grossier.

24. *Même sujet.* — Mais voici une scène identique, traitée quelques siècles plus tard, à l'époque du roi Snéfrou. Vous voyez quels progrès dans la sculpture.

25. *Temple de Deir el Bahari.*— Je vous ai parlé du temple déblayé par M. Naville et qui avait été élevé par la reine Hatasou, de 18e dynastie. Celle-là même qui se faisait représenter en homme.

26. *Fouilles de Karnack.* — Nous voyez ces

pylônes éventrés, formés de remblais entourés d'une croûte de maçonnerie. C'est dans l'intérieur de ces pâtés de pierre que M. Legrain a trouvé des restes de monuments plus anciens.

27. *Magasin de sphinx.*— Ils étaient destinés à orner une avenue du temple et n'avaient pas été utilisés.

28. *Porte du temple d'Osiris.* — C'est une porte composée de sept portes enchâssées les unes dans les autres. C'est M. Legrain qui l'a déblayée.

29. *Plan du tombeau de Touthmès III.* — On entre par là ; on trouve un escalier, une pente, un autre escalier, une seconde pente et enfin le puits qui défend l'entrée des grandes salles. M. Loret a fait mettre un pont qui donne accès jusqu'au fond du tombeau.

30. *Plan du tombeau d'Amenophis III.*— C'est la même ordonnance avec une première chambre à deux colonnes et, au bas d'un escalier, la grande salle du sarcophage. Dans cette chambre, à côté, M. Loret a trouvé les momies de rois.

31. *Le cadavre dans la barque.* — Je vous ai dit que trois momies ont été trouvées dans des barques.

32. *La famille royale*. — Le roi Touthmès est représenté tantôt bambin (c'est son double), tantôt adulte. Voici sa femme vivante et une autre de ses femmes morte, sa fille morte aussi.

32. La famille royale

On suppose que les corps de ces défuntes sont ceux qui ont été trouvés dans le même tombeau.

33. *Hator et le roi*. — Nous voici devant le tombeau de Touthmès III. Cette sculpture bouchait une ouverture qui menait à la grande salle.

34. *La cachette*. — Voici la chambre murée telle que l'a trouvée M. Loret. Il y pénétra une bougie à la main et se trouva en présence des neuf rois embaumés.

35. *Les trois cadavres.* — Ce sont les trois personnes découvertes dans la troisième salle.

36. *La dame au collier.* — Nous voici à Antinoé. C'est le portait d'une dame chrétienne provenant des fouilles faites par le Palais du Costume.

37. *Scène pompéienne.* — Le sujet est chrétien et remonte au vi^e ou ve siècle et rappelle l'art de Pompéi par les costumes et la légèreté de la touche.

38. *Sceaux d'Euphemidan.* — C'était une brodeuse. On a trouvé tous ses outils et ses bobines. Son corps avait été mis sous scellés. Vous voyez les empreintes et les ficelles.

39. *La pantoufle dorée.* — La brodeuse devait être de la secte gnostique; elle avait sur elle une petite amulette que nous connaissons bien et qui caractérise sa croyance. Sur sa sandale une inscription en grec dorée au petit fer signifie : Sois heureuse. La forme de l'*upsilon* barré rappelant la croix ansée caractérise aussi un usage gnostique et une époque, le IIIe siècle.

40, 41, 42, 43 et 44. *Cavaliers grotesques.* — Voilà les desseins dont je vous ai parlé et qui sont tissés sur un vêtement. C'est la parodie d'un tableau célèbre qni représentait un combat d'amazones.

45. Femme à la fontaine

45. *Femme à la fontaine.*
46. *Deux personnages.*

47. *Le Berger.* — Un autre vêtement trouvé sur le même corps avait ces dessins d'un certain

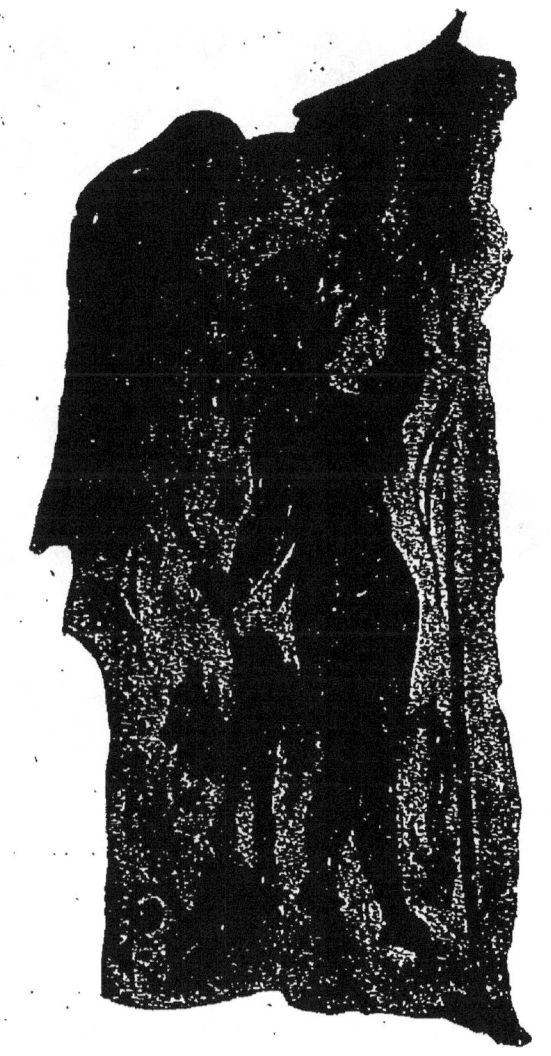

47 Le Berger

style, copiés sans doute sur des vases grecs.
48. *Svastica d'Aurélius Colluthus*. — Dans son

testament il a eu soin de recommander qu'on lui donne un beau suaire ; les Égyptiens tenaient

52. Masque à haute coiffure

beaucoup à ce dernier vêtement ; on en a trouvé de tout à fait luxueux, représentant des fleurs et des oiseaux. Celui-ci est tissé en frisé comme une serviette turque, il est orné de quatre grands svasticas qui sont des emblèmes boudhiques.

49. *Tablette de cire*. — Dans la tombe d'une institutrice on a trouvé des tablettes recouvertes d'une couche de cire, sur laquelle étaient écrits

53. Tête de style Empire

en grec, des modèles de devoirs. Dans d'autres tombes où étaient des enfants, on a découvert des planchettes de bois sur lesquelles les mêmes devoirs étaient reproduits au calame.

C'étaient des études de géographie et de mathématiques.

50. *Masque en plâtre doré.* — Les figures des anciens sarcophages étaient dorés afin que les

55. Tête à la guirlande rose

défunts aient la perception de la lumière éternelle. Ce portrait doit être l'un des plus anciens de la série romaine, puisqu'on l'a orné à la mode antique.

51. *Coussin.* — Il était placé sous la tête

recouverte du masque que vous venez de voir. Le fond est vert, les ornements en fleurs de

56. Dame aux tire-bouchons

lys sont blancs, l'entourage est vert et rouge.

52. *Masque à haute coiffure.* — L'impératrice Sabine et les dames de sa cour étaient ainsi

coiffées. Ce portrait est donc sûrement de l'époque d'Hadrien.

53. *Tête style Empire.*

54. *Tête coiffée à la Tanagra.*

55. *Tête à la guirlande rose.* — Cette jeune fille a les yeux levés vers le ciel ; c'est une préoccupation de l'au-delà.

56. *Dame aux tire-bouchons.* — Comme la pièce précédente elle a une couronne rose. Ces personnages sont chrétiens.

57. *Figure à la Parisienne.* — Les habitués du Musée l'appellent « la petite Montmartroise ».

58. *Dame aux cheveux noirs.* — Les portraits que je viens de vous montrer sont d'Antinoë. Je vais vous faire voir quelques types d'Achmine. Est-ce une race, est-ce une mode, mais les lèvres sont pincées avec affectation.

59. *Dame blonde.*

60. *Enfant au miroir.* — C'est le masque le plus moderne que nous ayons. Le corps n'avait pas de bandelettes, mais était habillé.

61. *Souliers dorés aux petits fers.* — Cette petite fille avait, vous le voyez, de fort jolies babouches.

62. *Manches de robe.* — Au bout de ses manches il y a une étoffe de soie bleue et blanche quadrillée.

63. *Petit miroir.* — Dans ses mains elle tenait

un miroir en verre. Je crois que c'est le miroir en verre le plus ancien que l'on connaisse; il

64. Tête Alexandrine.

est convexe, de sorte qu'en se regardant on se voit tout entier, mais très petit.

64. *Tête Alexandrine.* — Voici une figure plus soignée qui est au Musée depuis quinze jours seulement. Je la soupçonne de venir d'Alexan-

drie. C'est un genre très rare. Elle est antérieure à l'époque romaine, elle est de la période ptolémaïque, car la coiffure imite le *claft* d'un sarcophage.

65. *Mari et femme.* — Ces deux têtes ont été trouvées ensemble à Achmine.

66. *Tête de femme.*

67. *Coiffure en diadème.* — On dirait une Junon. C'est bien de l'époque romaine.

68 *Jeune homme.*— Cette œuvre a un caractère de modernisme très marqué. Nous l'appelons : « L'abonné des concerts Lamoureux».

69. *Type japonais.*

70. *Mulâtre des oasis.* — On a trouvé dans le désert une série de bustes. Les têtes sont fines et énergiques. L'art grec ou romain est venu se propager dans cette peuplade.

71. *Dame à la croix d'or.* — J'ai développé ce cartonnage de momie et cela m'a fait un portrait. On a le nom de la morte et la date de sa mort. Elle tient dans sa main gauche une croix d'or surmontée d'un cercle. C'est un hiéroglyphe, symbole de la vie future ; les chrétiens l'ont adopté et y ont vu, en outre, le monogramme du Christ.

72. *Etoffe aux perroquets.* — Ces soieries,

trouvées à Antinoë, ont quelquefois sept couleurs. Le blanc, qui a manqué dans la gamme

71. Dame à la croix d'or

est ajouté au pinceau. Elles n'ont pas d'envers et l'on ne sait pas bien comment elles ont été tissées. Le décor, de style asiatique, représente des têtes de perroquets blancs.

73. *Camée du roi Sapor.* — Il est à la Biblio-

thèque Nationale et je vous le montre parce que le harnachement du cheval, avec ses vastes rubans flottants, nous aidera à déterminer la date et la provenance de ces soieries.

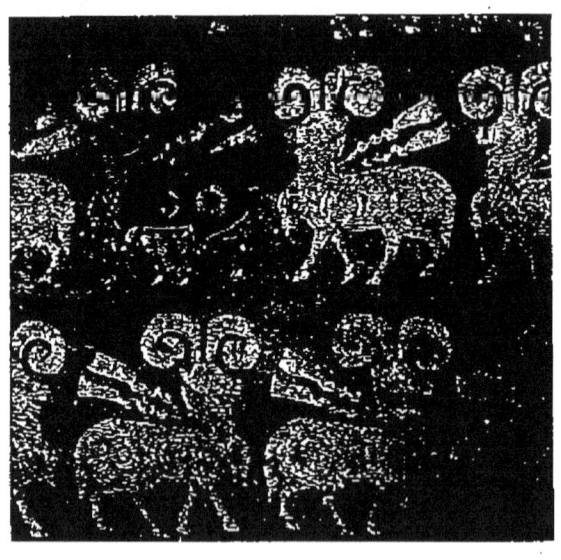

75. Mouflons

74. *Cheval ailé*. — En effet, ce cheval a exactement les mêmes harnais que celui du roi Sapor.

75. *Mouflons*. — Et ces mouflons ornés de rubans et de glands nous donnent des documents identiques et classent ces soieries au 1er ou au IIe siècle. Elles sont au Musée des tissus, à Lyon.

76. *Petits bœufs*. — Sous des palmiers stylisés, on a placé trottant et affrontés des bœufs indiens caractérisés par leurs bosses.

77. *Autruche*. — Sur un fond bleu, des ornements à couleurs vives forment des médaillons avec des autruches.

78. *Lion*. — Vous voyez que dans l'ornementation on utilisait beaucoup les animaux.

79. *Thaïs et Sérapion*. — On les a trouvés dans le même cimetière et chacun dans un *tombeau centre*, autour duquel, par piété, on se faisait enterrer. Thaïs a des vêtements très beaux. Sérapion, vêtu de bure noire, était couvert d'anneaux de fer qui avaient servi à mortifier sa chair. Son collier en fer avec une lourde croix, pèse deux kilos. Ses pieds, ses mains, ses jambes et ses bras sont cerclés de barres de fer forgées sur le vif. Deux énormes ceintures de fer lui formaient une cuirasse à même la peau. A côté de lui il y avait la moitié d'un bâton entouré de cuir. C'était l'usage en Égypte, de façon à ce que si le bâton se brise en frappant quelqu'un, il puisse toujours en rester assez pour continuer à taper. Ce personnage avait hérité du bâton de saint Antoine qui pourrait bien être celui-là.

80. *Corbeille*. — Voici la corbeille en forme de calice qui, pleine de pain, avait été placée sur la bouche de Thaïs.

81. *Gobelets tressés*. — Ils contenaient des gobelets en verre. Avec le pain on avait les emblèmes de la sainte communion, ainsi que l'a précisé saint Jérôme : « Nul n'est plus riche que celui qui porte le corps de notre Seigneur dans une corbeille tressée et son sang dans un gobelet de verre . »

82. *Compte-prières*. — Cet objet servait à Thaïs pour dire son chapelet. C'est une sorte d'escalier avec des dizaines de petits trous. A mesure que le nombre des prières augmentait on montait les gradins et on arrivait à la croix

83. *Comment s'habillait Thaïs*. — Pour terminer je vais vous faire assister à une conférence de M. Gayet, dans laquelle une danseuse italienne représentait Thaïs. Elle se présentait d'abord vêtue d'une chemise lilas translucide.

84, 85, 86, 87, 88.

La suite de ces figures font assister à sa toilette après la mort. La voici avec sa première robe. Puis dans sa seconde robe. Ici elle est enveloppée de son premier linceul ; elle porte les palmes de saintes, que l'on a trouvées sur son corps. Là elle est tout à fait en momie avec sa couronne de rose et les petits objets que je vous ai montrés. La voici le visage couvert de son voile de gaze rose.

89. Enfin, je vous montre M. Gayet habillant son modèle sur l'estrade de la salle de conférence.

Je termine en vous remerciant de la sympathique attention que vous avez bien voulu donner à mes paroles.

LES MUSÉES DE LA GRÈCE

(Sténographie)

Mesdames, Messieurs,

A part les deux musées d'Athènes, les musées de la Grèce ne sont pas situés dans les villes ; ils sont à la campagne.

Autrefois, les savants, les archéologues choisissaient un terrain historique, grattaient un peu le sol et, s'ils trouvaient une inscription, un objet de bronze ou une statue de marbre, il les envoyaient à Londres, à Paris, à Berlin ou à Munich ; leur mission était terminée.

Le gouvernement hellénique a pensé qu'il avait quelques droits sur ces antiquités et que ces documents qu'on exploitait sous ses yeux représentaient une richesse aussi bien que les filons d'argent du Laurium. Il a interdit l'exportation des objets anciens et s'est réservé le droit de donner les autorisations pour faire des fouilles. Il a voulu, de plus, que les chercheurs, en s'attaquant à un monument ou à un ensemble de monuments, fassent les déblaiements complets, les restaurations nécessaires et établissent sur place un musée dans lequel on devait réunir les pièces délicates et rares qu'il eût été imprudent de laisser en plein air.

On peut se demander, dans ces conditions quel intérêt les savants d'Europe ou d'Amérique pouvaient avoir à entreprendre des travaux archéologiques au bénéfice du roi de Grèce. Mais, sollicités par l'amour de la science et un peu par l'amour-propre, car les chercheurs pouvaient se réserver la publication exclusive de leurs trouvailles, les archéologues de tous les pays s'empressèrent d'accepter le programme de l'État hellénique et de l'exécuter rigoureusement. C'est ainsi que sont nés les musées de Delphes, d'Olympie, d'Épidaure et de tous les endroits qu'on a explorés.

Nous allons donc parcourir la Grèce et visiter les lieux qui ont été fouillés. Et pour commencer, allons à Tirynthe. C'est une ville, toute petite, un château-fort, que l'on croit antérieure à la guerre de Troie. Lorsqu'en sortant de Nauplie on suit le bord de la mer, on rencontre, sur la droite, une espèce de colline, un rocher tout fendillé, auquel on ne prête nulle attention, parce que les montagnes environnantes ont absolument le même aspect de nougat aux amandes brunes. Ce petit rocher c'est Tirynthe. C'était une place fortifiée et entourée de murs qu'on a appelés cyclopéens, parce qu'on raconte que ce sont les Cyclopes qui les premiers ont habité ce pays. Ces murailles sont faites avec des blocs qu'on a pris dans la montagne et employés à l'état brut, sans les dégrossir ; on en a fait des fortifications qui sont encore excessivement hautes, mais qui ont eu jusqu'à vingt mètres de haut et ont vingt mètres d'épaisseur. Voyez quelles formidables précautions les habitants avaient prises pour défendre leur ville. Dans l'intérieur de ces constructions, on avait aménagé des magasins, des corridors énormes avec des vues sur la campagne pour surveiller l'ennemi. Pausanias a trouvé Tirynthe aussi étonnante que les pyramides d'Égypte ; il a eu là un mouvement d'enthousiasme un peu irréfléchi, car si, comme en Égypte, on a utilisé de très gros blocs, on les a laissés frustes, tandis que les énormes pierres des pyramides sont soigneusement travaillées, rigoureusement assemblées et ont été élevées jusqu'à cent mètres de hauteur.

Tirynthe est la patrie de Persée, d'Amphitryon et naturellement d'Hercule, fils putatif d'Amphitryon.

Pour visiter la ville, on suit une pente qui longe l'appareil cyclopéen et, tournant à angle droit, vous fait passer entre deux murailles gigantesques. On arrive à ce qu'on appelle les propylées. Dans tous les palais ou les temples de la Grèce, on a fait précéder le monument d'un ou deux portiques soutenus par des colonnes. C'est la construction qui est avant la porte, littéralement : propylée.

Après avoir traversé une vaste cour, on arrive en tournant à droite à la salle de réception d'Amphitryon, composée d'un second portique, d'une petite cour et de la salle du trône, au centre de laquelle était un gros autel rond de deux mètres de diamètre, vaste brasero sur lequel on entretenait le feu sacré qui était à la fois le feu du roi et le feu de la ville. Les jours de fête on y cuisait des quartiers de bœuf.

A gauche était l'habitation des hommes, à droite le gynécée. On peut visiter les appartements d'Amphitryon comme on visiterait un appartement à louer, avec cette différence que les murs ont disparu, mais le tracé des fondations donne une idée exacte de la distribution des pièces. On m'a montré la chambre d'Alcmène; j'avoue que j'ai eu quelque doute. On m'a assuré que là était venu Jupiter. Je suis resté sceptique. Alors on m'a fait voir la chambre d'Amphitryon puis sa salle à manger. Ici, je me suis rendu à l'évidence, car

Le véritable Amphitryon est l'Amphitryon où l'on dîne...

Les habitants de Tirynthe étaient des cultivateurs, des hommes paisibles. Théophraste dit qu'ils étaient les gens les plus gais de toute la Grèce. Hercule qui était un bon garçon, prêt à tout les dévouements, seulement un peu faible avec les dames, est bien le type de cette race. Et c'est pour se défendre contre leurs voisins d'Argos et de Mycènes, soldats cupides, commerçants rapaces, qu'ils s'étaient fortifiés de la sorte. Ça ne les a pas empêchés d'être, à plusieurs reprises, vaincus, massacrés ou réduits en servitude.

Cette race Mycénienne a l'instinct dominateur, on la voit représentée sur les vases archaïques, avec ses longues jambes, ses épaules larges, le nez en bec d'oiseau; c'étaient des hommes de

6

proie. Quant ils se sont précipités sur la ville de Troie c'était, nous dit Homère, pour reconquérir Hélène ; le vrai, c'est qu'ils entreprenaient une guerre économique. Après la chute d'Illion, le commerce de l'Asie, détourné, se fit à Argos. Mycènes devint la ville de l'or, et l'on comprend que des guerriers, bons négociants, fassent sans se lasser, le siège d'une ville pendant dix ans, quand il s'agit de déplacer une clientèle.

Maintenant, si vous le voulez, nous allons voyager en Crète pour admirer les trouvailles que M. Evans a faites dans le palais du roi Minos, à Knossos. M. Evans est un archéologue d'occasion ; il est, de son état, fabricant d'enveloppes de lettres. Ce n'est pas un mal que des industriels se mêlent de faire des fouilles ; ils apportent dans ces travaux l'habitude de la méthode et l'emploi des procédés scientifiques. Schliemann est un commerçant et c'est lui qui a appris aux archéologues à faire des recherches raisonnées et toujours fructueuses, même quand on ne rencontre ni texte ni objets d'art.

J'ai connu M. Evans au Congrès d'anthropologie préhistorique qui a eu lieu à Stockholm. Il était passionné pour *l'âge du bronze*, et s'il a entrepris des fouilles à Knossos, c'est certainement qu'il espérait trouver sur un terrain historique des spécimens d'un art classé comme préhistorique. Il n'a pas rencontré de bronze, mais il a découvert le palais immense du roi Minos.

L'antiquité nous a fourni sur ce personnage des renseignements disparates et contradictoires. Les uns nous ont dit que Minos avait donné des lois à la Crète, que sa sagesse et son équité l'avaient désigné pour être un des trois juges chargés de punir ou récompenser les âmes aux enfers; d'autres ont raconté qu'il habitait un labyrinthe dont on ne pouvait jamais sortir, qu'il aimait la chair fraîche et que, tous les ans, Athènes devait lui payer une redevance de cent jeunes gens et de cent jeunes filles qu'il dévorait. Thésée, en tuant Minos, qu'on surnommait le Minotaure, parce qu'il avait une tête de taureau, affranchit sa patrie de ce pénible impôt.

M. Evans est venu et tout s'est expliqué.

Le palais du roi est immense, avec de vastes cours, des salles de réceptions, dont l'une a encore le trône du roi en pierre, des appartements pour les hommes, des appartements pour les femmes et des magasins nombreux, énormes, qui contiennent encore des jarres pour conserver les provisions de blé, d'huile et de vin. Tout cela forme un ensemble compliqué, inextricable, où l'on se perd si l'on n'en connaît le plan.

Au-dessus des portes et contre les colonnes on a figuré partout la double hache λάβρυς et cette armoirie a donné le nom de labyrinthe au palais de Minos.

Une autre armoirie de ce roi était la tête de taureau. On a même trouvé à Micènes des feuilles d'or découpées, représentant des têtes de taureau surmontées de la double hache.

Lorsque les peintres de vases grecs voulurent représenter Thésée tuant Minos, pour désigner ce dernier, ils lui mirent une tête de taureau et ainsi créèrent le Minotaure.

Les murailles du palais étaient couvertes de peintures qui, en grande partie, ont disparu. Il en reste assez pour qu'on ait une idée de la richesse du décor; on y voit de grands paysages, des vues sur la mer; on peut se rendre compte des modes de l'époque, les dames ont des robes à volants, des manches à gigot, des franges et des accroche-cœur sur le nez, tout comme maintenant.

On y voit représentées des foules de jeunes
gens et de jeunes filles au gracieux profil, et
ainsi se trouve expliquée cette fameuse redevance de la Grèce. Seulement, Minos se gar-
dait bien de manger les charmants serviteurs
qu'on lui envoyait tous les ans ; il en faisait
l'ornement de son palais et la gloire de ses
réceptions.

On voit, en résumé, que Minos était un puis-
sant monarque qui par des guerres heureuses
avait rendu tributaires les peuples voisins et
assuré à son île la tranquillité, la richesse et le
bien-être.

Pour rester dans ces époques lointaines,
nous allons revenir en Grèce et visiter Mycènes.
C'était la ville d'Agamemnon et de Ménélas, et
vous savez toutes les horreurs qui se sont pas-
sées dans ce pays et qui ont permis aux tragiques grecs de faire des quantités de tragédies
dont quelques-unes sont données à la Comédie-
Française.

L'adultère et l'assassinat attirèrent sur la
race des Pélopides la malédiction divine. Atrée
et Thyeste sont célèbres par leurs jalousies et
leurs vengeances cruelles ; pour les punir, le
destin force leurs descendants à commettre des

crimes encore plus affreux, et durant l'absence et après le retour d'Agamemnon, les désordres recommencent; Egisthe et Clytemnestre tuent Agamemnon, Oreste tue Clytemnestre, sa mère. C'était la justice de Jupiter.

Avant d'arriver à Mycènes, dans un monticule, sur la gauche, se trouve le vaste tombeau appelée *Trésor des Atrées*, titre que lui avait valu, sans doute, la quantité d'objets en or, trouvés avec les tombes. On y arrive par une avenue ouverte dans le flanc de la montagne et dont les côtés formés de murailles de soutènement soigneusement appareillées, vont en s'élevant jusqu'à la porte d'aspect grandiose, surmontée d'un triangle vide qui devait contenir des ornements semblables à ceux de la grande porte de la ville, appelée *Porte des Lions*. Des fragments de marbre colorés, des trous qui avaient dû fixer des ornements de bronze doré indiquent quelle était la richesse de l'entrée.

L'intérieur, en forme de ruche, a 15 mètres de hauteur. Sa voûte est formée par des assises circulaires qui vont en se rétrécissant et se terminent par une ouverture ronde qui seule éclaire cette vaste salle. C'est ce qu'on nomme une voûte en encorbellement. En temps ordinaire, le trou était bouché par une grosse pierre et, la porte fermée, l'obscurité était complète. Quand on voulait pénétrer dans le tombeau, à l'occasion d'une cérémonie, on déplaçait la pierre et les fenêtres étaient ouvertes.

En se rapprochant de la vieille ville on voit, au-dessous des fortifications, un autre tombeau du même modèle, mais moins important. C'est Mlle Sophie Schliemann qui l'a déblayé sans y trouver grand'chose.

Enfin, apparaît l'acropole de Micènes entourée de murs gigantesques comme Tirynthe. Elle se dresse entre des montagnes sauvages, bien faites pour rappeler les souvenirs sinistres de ces lieux maudits.

L'acropole contenait les palais d'Agamemnon et le tombeau de ses ancêtres. C'était un lieu inaccessible dont les murailles successivement séparées présentent trois types d'appareils; le modèle pélasgique à grosses pierres brutes, le modèle trapézoïdale à assises horizontales dont les joints ne sont pas verticaux, enfin, le type polygonal aux arêtes bien taillées et aux surfaces extérieures soigneusement parées.

On entre dans l'antique forteresse par la fameuse *Porte des Lions*, dont vous avez pu voir des représentations et que j'ai vue pour la première fois en dessin dans un ouvrage fait par un Lyonnais, l'architecte Chenavard, qui avait voyagé en Grèce avant que cela fût la mode d'y aller en touriste.

Après l'entrée, on trouve sur la droite une autre porte qui mène à un enclos qui servait de cimetière. C'est là que M. Schliemann en fouillant à sept mètres de profondeur, et arrivant aux tombes inviolées, a trouvé cinq cuves en pierres brisées, dans lesquelles il y avait des corps, et ces corps étaient couverts d'une telle quantité d'or qu'une salle immense, la plus grande salle du Musée d'Athènes est entièrement remplie de cet or que l'on a trouvé dans ces cuves.

Au-dessus de la partie fouillée, il y a une construction circulaire qui est composée de pierres plantées droites sur deux rangs, de manière à faire un corridor, recouvert comme un dolmen de pierres plates. Le cercle est interrompu à un endroit pour former une entrée, et comme des deux côtés de l'entrée on a aussi dressé des pierres, le corridor, fermé des deux bouts, n'a pu servir à rien. C'est un curieux problème d'architecture et d'archéologie.

M. Schliemann, qui est imbu des textes homériques a vu là l'aréopage, l'agora où se réunissaient les anciens de la ville pour délibérer. La scène est décrite dans l'*Iliade*. Un héraut remettait un sceptre à celui qui voulait prendre la parole, et tant qu'il tenait cet insigne, personne ne devait l'interrompre. Disons, en passant, que c'est là un procédé que devraient adopter nos assemblées parlementaires.

J'ai essayé de siéger dans cet aéropage, mais le monument circulaire est d'une telle hauteur qu'il faut être acrobate pour arriver à se hisser sur cette muraille creuse. L'idée d'un agora doit être abandonnée.

Le palais de Mycènes est moins bien conservé que celui de Tirynthe. Il a, comme ce dernier, d'énormes chemins de ronde.

Voilà les trois villes les plus anciennes que l'on puisse visiter en Grèce. L'une d'elles, Mycènes, a donné, au point de vue archéologique, des résultats magnifiques.

Nous allons, si vous le voulez maintenant, aller à Delphes. C'était là qu'était le temple d'Apollon et c'était là qu'on écoutait la Pythie, placée sur un trépied, au-dessus d'une source sulfureuse. Surexcitée par la chaleur, suffoquée par les gaz, elle était prise de spasmes, de crises épileptiques et prononçait des mots incohérents ; les prêtres sténographiaient ces paroles décousues, en faisant deux ou trois vers à double sens et c'étaient les oracles que, de très loin, les Grecques venaient consulter.

Il y a peu de temps que l'on sait que l'on peut trouver à Delphes des restes intéressants. Cette ville a été tellement pillée, tellement saccagée et, de plus, elle a été victime de tant de tremblements de terre, que l'on avait pris le parti de penser qu'on n'y trouverait absolument rien.

Les anciens avaient accumulé dans ce temple des objets d'art en grand nombre et des richesses immenses ; chaque peuple y avait son trésor qui était un musée ; les terrasses, les chemins, les cours étaient encombrés d'œuvres précieuses.

Aussi, chaque fois que des envahisseurs vinrent en Grèce, leur objectif fut le pillage de Delphes. En 480, c'est Xerxès, qui y envoie un détachement. En 357, ce sont les Phocidiens qui se ruent sur le temple. En 279, c'est le tour des Gaulois. Sylla (Ier siècle avant J.-C.) vole les chefs-d'œuvre qui ornent les musées et Néron, à son tour, trouve moyen d'enlever encore cinq cents statues.

Adrien et les Antonins rendirent au sanctuaire une partie de ses splendeurs, mais Constantin et Théodose achevèrent sa ruine.

Pourtant, quelques monuments restaient debout avec leurs métopes, leurs frises, leurs frontons sculptés. Les habitants raclèrent les bas-reliefs pour en faire des pierres de taille et construisirent une petite ville sur l'emplacement des temples.

C'est ce qui rendait si difficiles les recherches archéologiques. Les Delphiniens ne voulaient pas qu'on pénétrât chez eux et s'opposaient aux fouilles. Pourtant, M. Foucart put retrouver une partie du mur de soutènement du grand temple d'Apollon. Ce mur, entièrement déblayé maintenant, est des plus intéressants, d'abord parce qu'il est couvert d'inscriptions qui sont comme les archives de ce lieu sacré et puis parce qu'il a été construit avec beaucoup de soins en appareil polygonal, en blocs irréguliers, mais ajustés avec précision les uns contre les autres; il a fallu ciseler chacun d'eux pour l'encastrer dans le mur, puis la surface a été ravalée et polie ; le soleil et le temps lui ont donné une teinte rosée des plus agréables. A distance, on croirait voir un vieux craquelé chinois ; c'est d'une harmonie et d'une douceur extraordinaires ; l'effet est d'autant plus saisissant que devant le mur il y a des colonnes, au-dessus, des assises blanches et d'autres colonnes de marbre, et toutes ces lignes verticales et horizontales se coupent à angle droit ; le mur aux joints zigzagués en tous sens, calme l'ensemble, est un repos pour l'œil.

Pour aller à Delphes, j'ai eu quelques craintes de la difficulté du voyage. Le guide Joanne nous dit qu'il faut acheter des chevaux et faire cinq jours d'équitation à travers des chemins pénibles et peu sûrs. Ce guide retarde un peu ; Delphes est à quelques heures d'Itéa, sur la baie de Corinthe et, deux fois par jour, les bateaux qui font le service entre Patras et le Pyrée s'arrêtent à Itéa. De là pour aller au temple, le chemin est merveilleux, la campagne est splendide avec ses forêts d'oliviers dans la plaine et ses rochers étranges dans la montagne ; la route est très bien tracée, c'est un voyage charmant.

J'ai visité Delphes en suivant la route que

Pausanias avait prise. On voit d'abord les traces de trois temples que M. Homolle a découverts récemment. Ensuite on arrive à la fontaine Castalie, dont les eaux coulent entre deux immenses rochers à pic des plus pittoresques.

Alors on marche sur la *voix sacrée*. Dans tous les temples de la Grèce, il y avait une voie sacrée, un chemin que suivaient les processions les jours de fêtes et qui était bordé à droite et à gauche, des monuments, des statues, des constructions luxueuses élevées pour renfermer les trésors des différents peuples. Il y avait aussi, de distance en distance, des bancs en demi-cercle pour les pèlerins, lorsqu'ils avaient besoin de se reposer et surtout de causer,

La voie sacrée mène au temple d'Apollon et se continue en montant à travers des constructions variées pour arriver au théâtre qui domine tout l'ensemble. Vous voyez, lorsque tous les objets d'art étaient en place, quel spectacle étonnant et impressionnant par la beauté et le sentiment religieux.

En montant davantage sur les flancs de la montagne du Parnasse, on trouve encore un immense stade qui servait tous les quatre ans pour les jeux pythiques.

Sur la gauche des ruines, on était en train de construire un musée magnifique qui va être inauguré le mois prochain. La plupart des savants de France iront à cette inauguration ; on dit même que notre ministre de l'Instruction publique fera partie du voyage.

Pour le moment, les collections des objets trouvés à Delphes sont simplement entassées dans une espèce de hangar mal éclairé. M. Homolle, qui n'a pas terminé son livre sur les fouilles qu'il a dirigées est bien placé pour qu'on ne puisse pas lui faire concurrence en publiant avant lui ses découvertes, pour qu'on ne puisse pas voir ses trouvailles, ou tout au moins qu'on ne puisse pas les photographier. Je vous montrerai tout à l'heure une magnifique statue de bronze qui représente un conducteur de char qu'il a trouvée.

J'étais très bien préparé pour visiter Delphes, non seulement au point de vue des études, mais au point de vue des recommandations. M. Cavadias, directeur des fouilles en Grèce m'avait donné des lettres pour tous les gardiens mais j'ai eu la malchance d'arriver juste le jour où la Commission allemande faisait sa visite. Tous les ans, les savants de l'Allemagne se réunissent, frètent un navire pour visiter toute les curiosités de la Grèce. Les gardiens étaient donc employés à expliquer les antiquités aux Allemands et ils ne pouvaient me donner aucun renseignement, car ils avaient affaire à deux cents personnes. Vous me direz que j'aurais bien pu suivre les enseignements donnés par M. Dœrpfeld, le grand archéologue, qui dirigeait la bande, mais mon peu de connaissances en allemand me rendait l'audition difficile. Je me suis résigné à aller déjeuner.

Cet acte très simple présentait des difficultés. Comme je vous entretiens depuis un moment déjà d'archéologie, peut-être vous sera-t-il agréable d'avoir un intermède. Je vais vous raconter mon déjeuner :

Je suis arrivé à Itéa la veille du Vendredi-Saint grec. Les habitants sont très religieux et vont dans leurs familles pour prier, de sorte que j'ai trouvé un hôtel qui avait l'air très bien tenu, mais où il n'y avait personne. Je me suis promené dans les chambres ; j'ai fini par trouver dans un coin une sorte de vieux pirate qui ne disait pas un mot et qui, à ce que j'ai su, était le propriétaire. Ayant choisi un lit, je lui ai fait comprendre que je voulais manger, mais nous n'étions pas d'accord ; il m'affirmait, par des gestes énergiques, que c'était un jour où on ne mangeait pas. Alors, je l'ai pris par la douceur, par la persuasion du porte-monnaie, mais rien n'y faisait. Des voisins sont intervenus, on lui dit que j'étais en voyage, que j'avais faim, que je lui avais demandé l'hospitalité, qu'il ne pouvait me laisser mourir d'inanition chez lui. Il me donna un petit poisson frit et du fromage rance.

Je l'avais averti que j'allais le lendemain à Delphes et qu'il devait me préparer un panier de nourriture. En effet, il en prit un fort gros, et je vis qu'il y fourrait beaucoup de choses. Quand je fus arrivé, j'en fis l'inventaire : il y avait 6 serviettes, 3 couverts, 2 verres et un morceau de pain bis. Pendant que je fouillais mon panier dans le petit cabaret où je m'étais installé, je sentais une forte odeur d'agneau rôti et de *rizotto* au fromage ; c'était le dîner des Allemands. Alors, je me suis muni d'une assiette, d'un couvert, d'un verre et je me suis mis à table avec tous ces messieurs ; le garçon m'a servi comme les autres. C'est ainsi que j'ai mangé, ce jour-là, sur les fonds de l'Allemagne.

Outre les jeux pythiques qui se célébraient à Delphes, il y avait les jeux olympiques dont profitait le sanctuaire d'Olympie ; ils avaient lieu tous les cinq ans et leur périodicité servait de chronologie à l'histoire de la Grèce ; c'étaient les *Olympiades*. Ces réunions étaient, à la fois, des marchés pour le commerce, des congrès politiques, des concours littéraires, des courses, des expositions, des luttes athlétiques.

Tous les peuples de la Grèce avaient contribué à embellir ce lieu sacré dont les richesses dépassaient celle de Delphes; tous les peuples y avaient élevé un autel à leurs dieux ou consacré un souvenir artistique. Deux temples dominaient l'ensemble, celui de Hera, la terre, le plus ancien, et celui de Jupiter, le ciel.

C'est M. Dœrpfeld qui a été chargé de déblayer les ruines d'Olympie. Il s'est acquitté de son travail avec beaucoup de soin et de science ; mais en comparant ce qui a été fait à Delphes on voit bien les différences de méthodes et de préoccupations qui existent entre l'Ecole française et l'Ecole allemande.

Tandis qu'à Delphes on réparait la voie sacrée pour la rendre praticable, relevait les colonnes, remettait à leur place les monuments retrouvés et qu'on reconstituait la mise en scène, à Olympie tout restait à l'état de ruines éparses et incohérentes ; le directeur allemand avait reconnu la place du sanctuaire, recueilli au Musée les objets d'art, fait son livre et c'était fini. Aussi, la visite des monuments retrouvés est difficile, dangereuse et on ne comprend rien à ce désorde chaotique si l'on n'est accompagné d'un guide sûr.

Il serait encore facile de relever les édifices, de replanter les platanes et les oliviers célèbres qui faisaient l'ornement des promenades et des bois sacrés dont on a retrouvé l'emplacement, Olympie retrouverait ainsi sa grâce d'autrefois.

M. Dœrpfeld a déterminé tous les monuments signalés par les auteurs anciens. Pourtant, il lui en manque un: l'autel des sacrifices. C'était un amas de cendres et de débris d'os, d'une forme elliptique et d'une grande hauteur; il y avait une première plateforme avec un escalier de pierre, les femmes pouvaient monter jusque-là, mais les hommes seuls portaient les victimes au sommet de cette montagne de résidus sacrés. Lorsque le culte païen fut aboli, les cultivateurs des environs s'empressèrent de venir chercher cet engrais de grande valeur qui constituait cet amoncellement, et la montagne a disparu : voilà pourquoi M. Dœrpfeld ne la trouve pas ; mais l'emplacement est très visible, c'est un ovale de 18 mètres de long. Je me suis donné le plaisir de recueillir dans la terre des morceaux d'os de mouton et des restes de cendres, ce qui prouve bien que c'était là l'autel.

Je vous montrerai en projection le plan d'Olympie et les photographies des œuvres d'art qu'on y a trouvées.

Nous allons nous diriger sur Athènes en nous arrêtant à Epidaure. C'était un lieu sacré, rempli de monuments élevés en l'honneur d'Esculape qui avait la spécialité de guérir les malades. Les malades venaient dans ces temples ; ils faisaient des ablutions, des sacrifices, donnaient des offrandes, puis allaient dormir dans un dortoir. Là, ils avaient en songe la visite du dieu qui leur donnait des consultations : « Vous prendrez ceci ou cela. » Généralement ils étaient guéris et laissaient des *ex-voto*. Il est probable que peu à peu, après avoir été un endroit à miracles, Epidaure est devenue une ville d'eau ; il y avait des médecins attachés à l'établissement ; au lieu de ne rester qu'un jour et de solliciter la consultation du dieu, qui souvent s'abstenait, on passait une saison ; on a même construit un théâtre pour que les gens puissent s'amuser ; de sorte qu'après avoir été Lourdes, c'est devenu Vichy.

Les malades venus là ont été tellement nombreux que l'on a trouvé des milliers d'inscriptions qui ne sont que le récit des miracles accomplis ; ils sont gravés sur la pierre, je vais vous en lire quelques-uns :

« *Ambrosia d'Athènes, borgne.* — Cette femme vint en suppliante vers le dieu, et, en se promenant par le Hiéron (l'enceinte sacrée), elle se moquait de certaines guérisons, disant qu'il était invraisemblable et impossible que les boiteux et les aveugles fussent guéris, rien qu'en ayant un songe.

» En dormant elle eut une vision : il lui semblait que le dieu, debout devant elle, lui disait qu'il la guérirait, mais qu'en paiement, elle devait offrir au Hiéron un cochon d'argent, monument de sa bêtise ; ayant dit cela, il lui fendit l'œil malade et y versa un remède. Le jour venu, elle sortit guérie. »

Remarquez que la guérison des incrédules a

toujours plus frappé que celle des croyants. Constatons en passant que le dieu avait l'humeur gaie.

« Un enfant muet vint en suppliant au Hiéron pour recouvrer la voix. Quant il eut fait le sacrifice préliminaire et accompli les cérémonies d'usage, alors, le jeune pyrophore (c'était un enfant de chœur chargé du feu des encensoirs), du dieu se tournant vers le père de l'enfant : « Promets-tu, dit-il, que d'ici à un an, si ton » enfant obtient ce qu'il est venu demander, il » fera le sacrifice de grâce pour sa guérison ? » Et l'enfant soudain répondit : « Je le promets. » Et le père stupéfait, lui ordonna de parler encore, et de ce moment, il fut guéri. »

« *Pandaros, thessalien, qui avait des taches au front.* — Cet homme en dormant eut une vision : il lui semblait que le dieu attachait un bandeau autour de son front et lui ordonnait, après qu'il serait sorti de l'Abaton (c'est le nom du dortoir), d'enlever le bandeau et de l'offrir au temple. Le jour venu, il s'éveilla et enleva le bandeau ; son front se trouvait nettoyé de ses taches, et il offrit au temple le bandeau où étaient écrites les marques de son front. »

7.

Ce prodige a deux actes. Un ami de Pandaros, qui avait aussi des taches au front, eut l'idée d'aller à Epidaure, et voici ce qui arriva :

« *Echédoros attrapa les taches de Pandaros en plus des siennes.* — Cet homme qui avait reçu de l'argent de Pandaros, pour l'offrir, au nom de celui-ci, au dieu d'Epidaure, ne le remit point. En dormant, il eut une vision : il lui semblait que le dieu, debout devant lui, lui demandait s'il n'avait point quelque argent à déposer de la part de Pandaros en offrande au Hiéron ; et lui, il répondait qu'il n'avait rien reçu de Pandaros, mais que, si le dieu le guérissait, il lui offrirait une image avec inscription. (Les murs et les colonnes du temple étaient couverts d'*ex-voto* qui représentaient et racontaient les miracles opérés.) Alors le dieu lui attachait le bandeau de Pandaros autour de ses taches, et lui ordonnait, après qu'il serait sorti de l'Abaton, d'enlever le bandeau, de se laver le visage en puisant à la source et de se mirer dans l'eau. Le jour venu, étant sorti de l'Abaton, il enleva le bandeau, lequel n'avait plus les marques, et se regardant dans l'eau, il vit que son visage, outre ses propres taches, avait attrapé les marques de Pandaros. »

Esculape était un médecin gai qui ne craignait pas de faire des farces.

« *Euphanes, enfant d'Epidaure.* — Cet enfant, qui avait la pierre, s'endormit. Il lui sembla que le dieu, debout devant lui, lui disait: « Que » me donneras-tu si je te guéris ? », et il répondit: « Dix osselets ». Et le dieu lui dit en riant (toujours de bonne humeur, Esculape) qu'il mettrait fin à son mal. Le jour venu, il sortit guéri. »

Je termine par le miracle de la coupe qui était un des plus célèbres :

« *La coupe.* — Un esclave, le dos chargé, allait au Hiéron ; quand il en fut à quelque dix stades, il tomba par terre. Après s'être relevé, il ouvrit son sac et il constata que tout était en morceaux ; et en voyant brisée la coupe où son maître buvait d'habitude, il se désola et, s'asseyant, il tâcha de rajuster les tessons. Un voyageur qui le vit lui dit: « Ah ! malheureux, » pourquoi perdre ta peine à rajuster cette » coupe ? Pas même le dieu d'Epidaure, Asclé- » pios, ne pourrait la guérir. » A ces mots, le garçon remit les tessons dans son sac et se rendit au Hiéron ; quand il fut arrivé, il ouvrit le sac et en retira la coupe — guérie ! Il raconta à son maître ce qui s'était fait et s'était dit, et le maître, l'ayant appris, offrit la coupe au dieu. »

J'ai encore à vous entretenir d'Athènes, de ses ruines et de ses collections. Mais ses monuments sont connus, les objets recueillis dans ses musées ont un intérêt artistique que la vue explique mieux qu'une description et, pour vous les montrer, je vais passer aux projections lumineuses.

Projections

1. *Tirynthe, voûte ogivale*. — Ce sont ces chemins de ronde construits avec d'énormes pierres brutes dans l'épaisseur des murailles.

2. *Plan du Palais de Minos*. — Vous voyez quelle complication dans ces constructions qui formaient les demeures du personnel, la cour immense, la salle de réception avec le trône, les appartements et les magasins considérables; on comprend que l'on ait appelé cela un labyrinthe.

3. *Jarres dans les magasins*. — On a trouvé les provisions en place dans de grands vases de terre. Ces trous carrés dans le sol cachaient les objets précieux.

4. *Salle du trône.* — Le siège en pierre sur lequel Minos rendait la justice est encore intact.

5. *Torse sculpté.* — Voici un fragment de sculpture, mais ce n'est pas du marbre, c'est un bloc de plâtre ciselé.

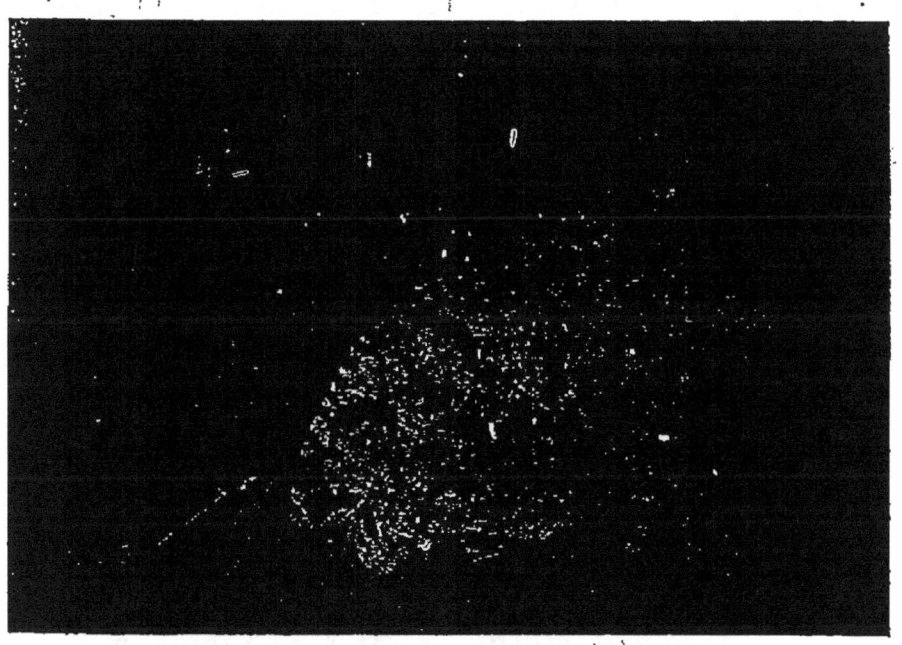

Figure n° 8

6. *Profil de femme.* — C'est certainement un portrait; la dame a dans le dos un « suivez-moi, jeune homme » et sur le front un bel accroche-cœur.

7. *Autre profil.* — Encore une dame avec la mèche qui lui tombe sur le nez.

8. *Les jeunes filles*. — C'est une foule, on ne voit que les têtes. Remarquez la variété des types, depuis le nez retroussé à la parisienne, jusqu'au profil grec le plus pur. Le dessin est esquissé à la Grévin ; trois petits points et on a la ressemblance et la physionomie.

9. *Les jeunes gens*. — Ils étaient peints en rouge et la photographie les a faits noirs ; on voit néanmoins leurs expressions de figure. Ces points blancs sont des coups donnés dans la fresque à l'endroit des yeux et ces fragments de cercles des traits gravés sur le cou comme pour simuler une décapitation ; est-ce une vengeance ou le souvenir d'un double supplice subi par ces malheureux ?

10. *Trésor des Atrées*. — C'est le grand tombeau voûté qui est à l'entrée de Mycènes.

11. *Second tombeau*. — Mlle Schliemann l'a découvert. La voûte était effondrée.

12. *Porte des Lions*. — Ces lions sont des lionnes affrontées séparées par une colonne. Sur la droite, à l'intérieur, se trouve le cercle incompréhensible dont je vous ai parlé.

13. *Bracelet, cachets d'or*. — Je vais vous montrer quelques-uns des objets d'or trouvés

à Mycènes et qui remplissent la plus grande salle du musée d'Athènes.

14. *Diadème*. — On a trouvé des douzaines de couronnes semblables.

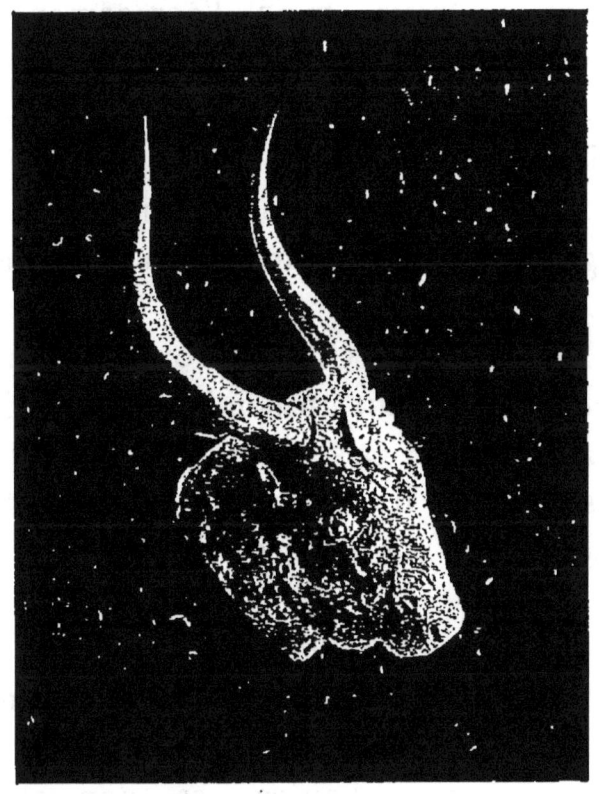

Figure n° 15

15. *Tête de taureau*. — C'est une merveille d'orfèvrerie. On croit le travail égyptien.

16. *Autels de Vénus*. — Les amulettes sont souvent consacrées à Vénus, des autels portant

des colombes, des palmiers sur lesquels sont couchés des cerfs et des chiens.

17. *Masque d'or.* — Sur la figure de tous les morts, il y en avait de semblables. C'était peut-être des portraits, mais l'écrasement les a défigurés.

18. *Pendeloques.* — C'est d'un art à la fois assyrien et égyptien.

19. *Appliques.* — Ces ornements en forme de losanges sont identiques à ceux de l'âge du bronze.

20. *Rondelles.* — On en a trouvé des milliers Les corps posés sur un semis de ces feuilles en étaient couverts. Ces six points sont du répertoire sassanide, il y a des papillons, des feuilles de mauve, des pieuvres stylisées.

21. *Roues.*

22. *Pieuvres, papillons.*

23. *Tasses de Vapho.* — Ces coupes d'or merveilleuses représentent, l'une, la chasse au taureau sauvage, l'autre, sa domestication. Elles n'ont pas été trouvées à Mycènes et sont, sans doute, moins archaïques.

24. *Rocher.* — Nous voici à Delphes, voyez quel paysage imposant.

25. *Fontaine Castalie.* — C'est de ce rocher

qu'on jetait les condamnés à mort. Esope a été tué là.

Figure n° 28

26. *Colonne des Naxiens*. — Elle fut découverte par M. Foucart dans la cour d'une maison en même temps qu'une petite partie du mur de soutènement du temple,

27. *Tête de l'Aurige, profil.* — C'est le conducteur de char dont je vous ai parlé. On s'est demandé comment ce temple, qui a été pillé si souvent, avait pu conserver cette belle statue de bronze. On suppose qu'elle a été renversée par un tremblement de terre avec le monument qui l'abritait. Recouverte par les matériaux et les éboulements, elle a été protégée jusqu'au moment où M. Homolle l'a mise au jour.

28. *Face de l'Aurige.* — On voit par la noblesse des traits que ce personnage n'était pas un cocher de profession.

29. *Statue de face.* — En effet, une inscription nous dit qu'elle a été consacrée par Pilyzalos. C'était le frère du roi Gélon qui battait les Carthaginois à Hymère, pendant qu'avait lieu la bataille de Salamine. Ce bronze doit être la statue de Pilyzalos lui-même, vainqueur à une course de char.

30. *L'Aurige de profil.* — Vous avez remarqué ce costume étrange, cette robe très ample, à mille plis, qui tombe depuis les aisselles jusqu'aux pieds. Je crois que chaque coureur portant des robes de couleurs différentes, la vitesse de la course les faisait flotter comme des drapeaux et produisait des effets d'ondulation

L'AURIGE
Figure n° 30

Praxitèle, son chef-d'œuvre, à l'endroit même où Pausanias l'avait vu. A côté l'exèdre d'Hérode Atticus, le Rothschild de l'époque ; c'était un château d'eau d'une grande élégance, orné de statues de la famille du donateur. Les Romains ont comblé Olympie. Néron qui venait pour les courses y avait sa maison. En suivant le bas de la montagne, vous voyez la place des trésors, petits monuments qui servaient de musée à chacun des peuples de la Grèce. Là, l'emplacement ovoïde de l'autel de cendres, Tout autour de l'enceinte sacrée, il y avait des colonnades et de riches portiques et partout, surtout devant le grand temple, un véritable encombrement de statues et d'objets d'art. Dans le temple de Jupiter, Phidias avait élevé une statue colossale du dieu, en ivoire et en or, et pour être sûr d'avance de l'effet qu'elle produirait, il s'était fait construire un atelier de la dimension exacte de l'intérieur du temple ; on croit que là, sur la gauche, était cet atelier. Il y avait des palestres, des gymnases, un stade de 200 mètres dont voici les emplacements ; cette terrasse était l'ancien bois sacré, le Pelopion ; cette rotonde avait été élevée par Philippe ; ce palais était le Bouleuterion qui n'était pas la salle à manger, comme vous pourriez le croire, mais le Sénat.

Figure n° 38

35. *Angle du fronton*. — Cette restauration vous donne une idée de la richesse du décor.

36. *Reconstitution des frontons.* — On a rassemblé au Musée presque toutes les statues qui ornaient les frontons. On n'est pas bien d'accord

Figure n° 40

sur la place qu'occupait chaque sujet. Pourtant, pour le combat des centaures qui viennent enlever les jeunes filles et les jeunes gens, je crois la disposition exacte ; il y a dans tout ce monde-là un mouvement extraordinaire.

37. *Jeune homme incliné*. — C'est vigoureux et sauvage; un détail singulier, c'est que la population du pays ressemble à ce type-là.

Figure n° 44

38. *Jeune homme et centaure*. — L'homme-cheval mord le bras de l'adolescent qui le saisit par la nuque. C'est réaliste.

39. *Apollon*. — Au centre, le dieu, calme, préside au combat.

40. *Femme et centaure*. — C'est le pendant de l'autre groupe ; les têtes de femmes ont plus de charme.

Figure n° 45

41. *Jeune homme couché*. — C'est par ce personnage vigoureux et élégant que se termine le triangle de la composition.

42. *Ecuries d'Augias*. — Les métopes du temple étaient d'un art plus délicat qui faisait

pressentir Phidias. Elles représentaient les travaux d'Hercule.

43. *Atlas.* — Voilà Hercule qui lui propose de le remplacer quelques instants pour soulever le monde.

44. *Hermès.* — C'est le chef-d'œuvre dont je vous parlais qui nous révèle le grand art et le charme de Praxitèle.

45. *Sa tête.* — Ainsi on en voit mieux la beauté. Ce type est celui de Nemée et de Nauplie ; les vignerons et les garçons d'hôtel pourraient poser pour l'Hermès.

46. *Plan d'Epidaure.* — Voilà le temple d'Esculape dont la statue colossale était en or et en ivoire. Là, le temple d'Artémise-Hécate, la déesse guérisseuse. Cet espace considérable était occupé par des portiques qui servaient de dortoirs. Dans sa pièce de Plutus, Aristophane décrit très bien, tout en se moquant, comment s'opéraient les guérisons. Il y avait dans l'enceinte de grandes quantités de chiens et de couleuvres, animaux consacrés au dieu ; les chiens léchaient les plaies, les serpents, dont quelques-uns fort gros, se réchauffaient contre les dormeurs et l'effroi produit par le contact impressionnait les malades, très disposés à

admettre le surnaturel. Voyez, outre une masse de socles, quelle quantité de bancs arrondis; les visiteurs pouvaient se reposer partout. Enfin, voilà la Tholos de Polyclète, monument d'un art exquis du quatrième siècle avant notre ère ; il abritait le puits sacré où l'on prenait l'eau des ablations et dans lequel on se regardait pour savoir si l'on avait toujours des taches sur la figure.

47. Sur le *plan en élévation* du monument restauré, remarquez que l'eau arrivait au centre par trois corridors concentriques très profonds et communiquant par des chicanes afin d'épurer l'eau qui sortait trouble de la source ; c'était un vaste appareil à décantation. Voyez quelle profusion d'ornements et de peintures, quelle richesse et quelle pureté de style dans le décor.

48. *Coupe du temple.* — C'était aussi un monument fort beau, mais moins original que la Tholos.

49. *Néréide.* — Elle ornait un des angles du fronton.

50. *Victoire.* — Au centre était cette belle Niké présidant à un combat d'amazones.

51. *Coupe de l'ensemble.* — On voit bien comment étaient disposés les portiques où le dieu venait faire ses miracles.

52. *Temple d'Arthémis*. — Enfin, voici la restauration du second temple.

53. *Theseum-Acropole*. — Et subitement nous voilà à Athènes, en face du temple élevé à Thésée et des ruines merveilleuses du Parthénon qui dominent la ville.

54. A l'entrée de la cité antique, dans le quartier des potiers, *le Céramique*, il y avait le cimetière dont tous les monuments ont été trouvés en place. Les plus délicats ont été transportés au musée d'Athènes.

55. *Le Taureau*. — Lors de mon premier voyage en Grèce, il y a 35 ans, j'ai signalé ce taureau, superbe d'allure, qui était enfoui au pied de son socle ; je regrettais que personne n'ait l'idée de le remettre en place. Vous voyez que mon désir a été exaucé.

56, 57, 58. *Vases funéraires*. — Il y a toute une salle du musée remplie de ces vases géants de 4 à 5 mètres, trouvés au Céramique ; c'est d'un effet décoratif extraordinaire.

59. *Jeune homme à la boule*. — Sur la panse d'un de ces vases, on a représenté un éphèbe tenant en équilibre une grosse boule sur son genou relevé. C'est sans doute en souvenir de lui que le vase a été érigé.

60, 61. *Stèles funéraires*. — Il y avait un grand nombre de bas-reliefs grandeur nature montrant le défunt et sa famille. On cause, on se

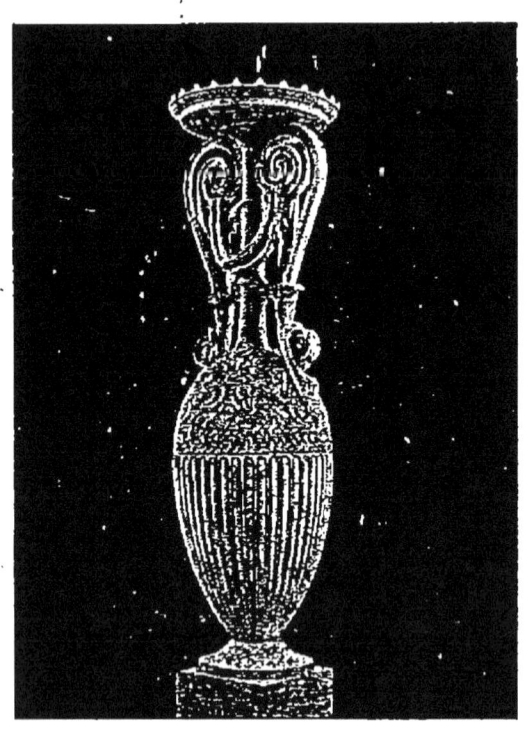

Figure n° 55

donne la main. Un des personnages est assis et l'on pense que c'était le mort.

62. *La femme qui meurt*. — Cette scène semble l'indiquer, car la femme mourante est reçue sur le siège.

63, 64. *Les éphèbes*. — Les jeunes gens sont

toujours représentés nus, c'est-à-dire héroïsés.

65. *Prêtresse d'Isis*. — J'en ai trouvé un grand nombre; elles sont caractérisées par le nœud de la robe sur la poitrine, le sistre tenu de la main droite et le seau à libations pendu à la main gauche.

66, 67, 68. *Statues égyptisantes*. — Les représentations les plus archaïques s'inspiraient tout à fait de l'art égyptien. Quelques-unes, comme cet Apollon, quoique en pierre, imitaient par leur raideur les statues taillées dans un tronc d'arbre.

69. *Soldat de Marathon*. — C'est le nom qu'on donne à ce bas-relief de marbre trouvé à Marathon; ce guerrier a le sourire ironique, le long nez et l'œil bridé des statues cypriotes. Le relief est formé de plans superposés et travaillés à la gouge comme si c'était du bois.

70. *Apollon archaïque*. — Cette belle statue fait pressentir l'art de Phidias.

71, 72, 73, 74. — Avec ses sujets funéraires, ses dieux calmes, sans mouvement, sans expression, le musée d'Athènes donne une impression de tristesse. Tous ces personnages ont l'air de s'ennuyer horriblement. Il faut excepter quelques portraits qui sont très vivants

Je vous montre quatre têtes remarquables : une jeune fille, genre Tanagra, un vieillard, un jeune homme de l'époque d'Alexandre et une autre jeune fille dont la grande beauté n'exclut pas un sentiment de modernisme plein de charme.

75. *Temple de Jupiter*. — Nous allons monter à l'Acropole en en faisant le tour. Voici d'abord les restes du temple de Jupiter dont les proportions étaient colossales.

76. *Proscenium du Théâtre de Bacchus*. — C'est là que tous les grands auteurs dramatiques grecs, les poètes tragiques ou les faiseurs de comédie, comme Aristophane, ont fait représenter leurs pièces ; c'est là que le « tout Athènes » allait assister aux « premières », sous la présidence du prêtre de Bacchus, dont le fauteuil de marbre est encore en place.

77. *Théâtre d'Hérode Atticus*. — Ce riche ami d'Auguste avait fait construire cette scène sur les flancs de l'Acropole. On y donne encore des représentations ; j'y ai vu jouer en grec, l'*Ajax*, de Sophocle.

78. *Propylées*. — Voici l'entrée de l'Acropole. C'est d'un style grandiose et simple. C'est tout à fait impressionnant, cet escalier immense

qui aboutit à la colonnade et au mur percé de portes qui cache pour en laisser la surprise, le Parthénon et l'Erechteïon.

79. *Temple de la Victoire*. — Il est tout petit, mais charmant. Les Anglais de Lord Elgin ont emporté les frises de marbre, mais ils ont reconstruit l'édifice et remis les frises en place, mais en terre cuite.

80. *Musée primitif*. — Lors de mon premier voyage en Grèce. on avait, sur le plateau de l'Acropole, au milieu des débris, réuni ces trois statues mutilées, c'était le musée. Il y avait l'homme qui porte un veau sur ses épaules et qui est devenu célèbre par l'inscription de son socle, retrouvé depuis ; il y avait une Minerve décapitée et un torse de jeune homme merveilleux de modelé. A ce moment, si j'avais eu une charrette sous la main, il m'eût été facile d'emporter ce torse.

81. *Ephèbe aux yeux creux*. — On a retrouvé sa tête et la statue, presque complète, est au musée de l'Acropole. Les yeux qui manquent devaient être en émail, comme pour les statues égyptiennes. Vous voyez, par l'effet que produit ce chef-d'œuvre restauré, que j'ai bien fait de ne pas l'emporter.

82. *L'Erechteïon.* — C'est le temple vu par derrière. Je n'ai pas trop le temps de vous en raconter l'histoire. C'est le plus irrégulier de tous les temples. Il y a tantôt une pièce basse, tantôt une pièce haute et c'est d'une harmonie parfaite.

83. *Les Cariatides.* — De l'autre côté de l'Erechteïon, vous voyez cette sorte de tribune dont le toit est soutenu par des jeunes filles portant sur la tête des corbeilles d'offrandes qui forment chapiteaux. Les deux de droite plient la jambe gauche et les deux de gauche la jambe droite, ce qui les incline les unes et les autres vers le centre du monument et donne une sensation d'élégance et de solidité.

On a été fort surpris de constater que, dans les monuments de cette époque, il n'y a aucune ligne réellement droite. Les colonnes s'inclinent toutes suivant les rayons d'un cercle idéal dont le centre serait au ciel et les lignes horizontales s'incurvent suivant des circonférences dont le centre serait dans la terre. C'est ce qui fait la grâce et l'harmonie de ces temples grecs.

84. *Le Parthénon.* — Voici comment il se présente dans sa splendeur quand on arrive par les propylées. C'est tout en haut, sous les

colonnes, que sont les fameuses frises de Phidias et c'est à peine si on peut les voir à cause de l'ombre et de l'éloignement. Ces derniers temps, on réparait le fronton et, en montant sur les échafaudages, j'ai pu voir de très près ces chefs-d'œuvre. C'est merveilleux.

85. *Le Parthénon.* — Mais l'entrée était de l'autre côté. Les jours de fête, les processions étaient obligées, pour pénétrer dans le temple, de faire le tour du monument, ce qui leur donnait un développement pittoresque. Il n'y a pas très longtemps que le Parthénon est en ruines; on en avait fait une église, puis une mosquée; les Turcs, pendant la guerre, en firent une poudrière qui éclata, et le chef-d'œuvre d'Ictinus fut renversé.

86, 87, 88, 89. *Détails de la frise.* — Ce sont surtout des chevaux et des cavaliers qui sont représentés; les uns au repos, d'autres à toutes les allures. C'est tout à fait beau et parfait. Je me permets seulement de trouver que Phidias n'a pas su ou n'a pas voulu donner de personnalité à ces jeunes hommes, c'est toujours le même éphèbe monté sur le même cheval; on dirait que l'artiste n'a vu dans sa vie qu'un seul modèle.

142   CONFÉRENCES AU MUSÉE GUIMET

90. *Fronton archaïque*. — Ici nous arrivons à des fouilles qui ont été faites par les élèves de l'école française d'Athènes. On a déblayé tout l'entourage du Parthénon et on a retrouvé les restes des anciens Parthénons. En voici un

Figure n° 91

spécimen qui représente un taureau terrassé par des lions. Ce bas-relief était en pierre tendre orné de couleurs que l'on voit encore, ce qui donne une impression énorme. M. Lechat, professeur à notre Faculté de Lyon, assistait aux fouilles ; il a montré que les artistes qui travaillaient ces pierres se servaient des mêmes outils qu'ils employaient pour tailler le bois, ce qui les empêchait d'obtenir le modelé, mais donnait à leur ouvrage une rudesse qui produisait son effet. Voyez, en effet, que le taureau semble une poutre dégrossie sur laquelle on aurait cloué des planchettes pour faire les membres.

91. *Hercule et l'Hydre*. — C'est un autre fronton, vivement colorié de rouge et de bleu. Quelle vigueur et quelle animation dans la lutte de l'homme contre le monstre!

92. *Les trois Typhons*. — Encore un autre fronton en pierre colorée. C'est un monstre à trois têtes d'hommes et à trois corps de serpents enroulés ensemble. Les têtes ont la barbe bleue et la peau rouge. Les types sont archaïques, étranges.

93. *Statue droite*. — Lors de l'agrandissement de l'Acropole, après la guerre des Perses, on a pris pour mettre au remblai toutes les pièces d'art qui avaient été renversées et qui, du reste, avaient cessé de plaire puisqu'un art nouveau allait s'épanouir. En fouillant, on a retrouvé tous ces fragments de style archaïque et notamment une série de statues de femmes,

grandeur nature. Le même jour, on en a exhumé 14. En voici une. On a rencontré souvent des Athénée qui avaient ce costume, quelques archéologues y voient des portraits de prêtresse, de sorte qu'on est à se disputer pour savoir si ce sont des prêtresses ou des Athénée. Moi je crois que ce sont des porteuses d'offrandes, car celles qui ont conservé leurs bras ont à la main un fruit ou un oiseau et quelques-unes ont une inscription qui donne le nom du citoyen qui les a consacrées. Celle que je vous montre nous aidera à comprendre leur costume qui, parfois, est fort compliqué. Il se compose invariablement de deux vêtements : une chemise sans manches, le *chiton* et un manteau formé d'une grande pièce d'étoffe rectangulaire, l'*imathion*. Le chiton était beaucoup plus long que le corps et on le relevait dans la ceinture pour ne pas marcher dessus ; parfois la partie supérieure était gaufrée au repassage et dessinait des losanges ou des zigzags, de sorte que la chemise semblait faite de deux étoffes différentes ; les élégantes portent actuellement des tailles plissées de la sorte. L'imathion était rarement posé sur les épaules comme vous le voyez là ; le plus souvent, il était drapé de façon fort compliquée, ce qui donnait l'impression de plusieurs vêtements superposés et de coupes très irrégulières, quoiqu'une seule pièce de laine souple ait été employée pour produire cet effet.

94. *Statue au stenikos*. — Toutes ces statues avaient sur la tête un petit paratonnerre, c'était pour empêcher les oiseaux de se poser et de salir l'objet d'art qui était peint avec soin. Dans les enceintes sacrées, on brûlait de nombreuses victimes, on offrait des gâteaux, ce qui attirait des vols énormes d'oiseaux variés. Avec l'encens qui fumait dans des vases de bronze dorés, cela devait sentir la messe et le restaurant.

95. *Femme très drapée*. — C'est la plus ornementale de la série. Quelle richesse et quelle ampleur de lignes on pouvait obtenir avec une chemise et un drap de lit!

96. *La blonde*. — Ses cheveux étaient peints en jaune. C'est un type de Viennoise, la forme du corps, solide et replet, indique une race du nord.

97. *En camisole*. — Celle-ci n'a pas de manteau, tenue du matin, tout simplement; à coup sûr, ce n'est ni une Athénée, ni une prêtresse. Elle

tient une pomme à la main, c'est bien l'offrande. La figure, aux prunelles noires, a une intensité de vie extraordinaire.

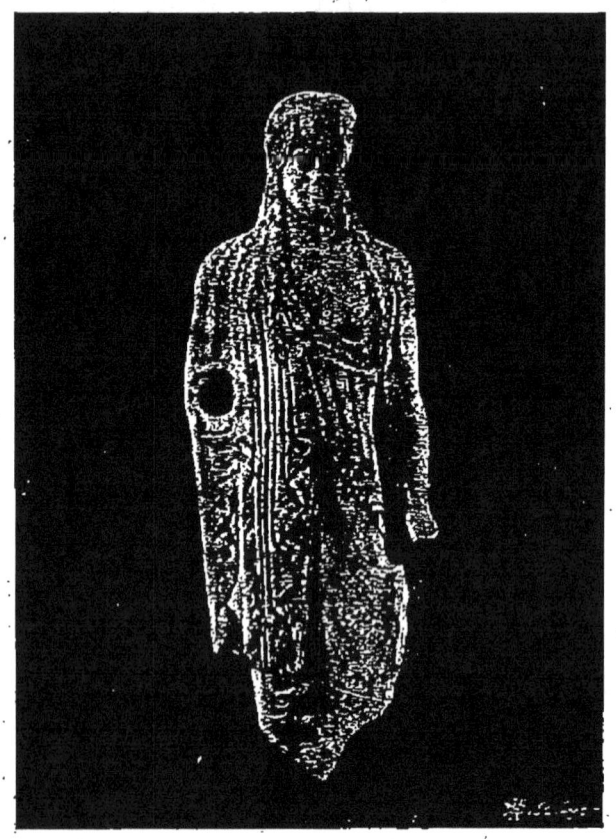

Figure n° 95

98. *Préraphaëlique.* — Avec ses bandeaux à la vierge, on dirait une femme du XV° siècle. Son caractère particulier a été tellement remarqué par les savants et les artistes allemands

qu'on a chargé Mlle Ingrid Kjeer, de Copenhague de la reproduire. Seulement, l'administration athénienne n'a pas voulu qu'on la moulât, à cause des couleurs dont elle est ornée. Mlle Kjeer en a fait une copie très exacte à la cire et c'est cette copie qu'on a moulée en la peignant ensuite pour donner l'illusion de la pièce antique. Elle a une vingtaine de commandes pour les musées de l'Allemagne et seulement deux pour les musées français : une pour le Musée des Moulages de l'Université de Lyon, l'autre pour le Musée Guimet de Paris.

99. *La Naine*. — Elle a les jambes trop courtes et la figure sans charme ; pour racheter ces imperfections, elle a chaussé des bottes rouges, a mis tous ses bijoux et s'est fait échafauder sur la tête une coiffure trop surchargée ; son manque de grâce est souligné d'un manque de goût.

La variété des types dans ces représentations, l'originalité, la personnalité des costumes indiquent bien que ce sont des portraits. Au milieu de toutes ces statues héroïsées, sans physionomies, sans âme, tout d'un coup apparaît un groupe de femmes qui se présentent avec leur individualité propre, avec des marques de races diverses, avec des expressions de figure au sourire varié ; elles donnent bien l'impression d'une ressemblance intense et c'est ce qui me plaît en elles. Mais les savants ne veulent pas que ce soit des portraits. On est très mal vu si l'on ose le proposer et je vous en prie, si vous parlez de ces projections que je vous montre, ne dites pas que vous avez vu d'étonnants portraits d'avant Périclès, vous laisseriez entendre que vous n'êtes pas au courant et que je vous ai mal informés.

100. *Les deux belles filles*. — Et je termine par ce cliché qui vous présente les deux plus belles de ces statues, probablement les plus modernes, car la technique s'assouplit et fait pressentir l'art parfait qui, en faisant plus beau fera moins personnel. Vous voyez encore dans ces deux têtes la force de l'expression aimable ; ce sont bien de vivants portraits... mais cela, entre nous, et, je vous en supplie, ne le répétez pas.

Après vous avoir montré tous ces chefs-d'œuvre, je vous remercie de l'obligeance que vous avez eue de venir à ma conférence et de la bienveillance que vous avez mise à m'écouter.

DES ANTIQUITÉS
DE LA SYRIE ET DE LA PALESTINE
(Sténographie)

Mesdames, Messieurs,

Je suis allé à Smyrne en prenant à Scutari le chemin de fer de l'Anatolie.

Le pays que l'on parcourt est, dans la première journée, tout à fait superbe, on commence par suivre les bords de la mer, on a vue sur les îles des Princes, puis on s'engage dans une gorge excessivement pittoresque et boisée, qui ressemble aux plus belles gorges de la Savoie et du Dauphiné, mais où les clochers sont remplacés par des minarets, et où les paysans ont des turbans et des vestes roses ou jaunes. C'est excessivement curieux en même temps que c'est très beau. Puis on arrive sur un plateau, et, à partir de là le paysage change complètement, ce sont des terres tout à fait stériles, mais qui sont encombrées de rochers gigantesques, on peut y voir des armées en marche, des colosses égyptiens, des caravanes, des cathédrales, tout ce que l'imagination peut produire ; en regardant les rochers tourmentés, on a ces visions-là.

Et le lendemain, c'est la descente sur Smyrne, à travers ces vallées merveilleuses où l'on récolte ces figues que vous mangez, et les raisins secs ; Smyrne est aussi l'endroit où l'on fabrique les plus beaux tapis d'Orient.

Dans les environs de Smyrne, il y a les ruines d'Ephèse, les ruines de Pergame, de Tralles, de Priène, de Milet et de beaucoup d'autres villes. Ce pays, qui était d'une très grande richesse à l'époque des Perses, d'Alexandre, ensuite des Romains, a eu des villes merveilleuses, des villes immenses avec des monuments considérables et splendides, et peu à peu on exhume ces monuments.

A Ephèse, ce sont les Autrichiens qui font les fouilles et déblaient tout le périmètre de l'ancienne ville. Le Gouvernement turc a décidé qu'aucune antiquité trouvée en Turquie ne quitterait le pays. Les plus belles pièces vont au musée de Constantinople ; néanmoins les archéologues qui font des fouilles ont le droit de prendre pour leur pays, des pièces qui ont un intérêt scientifique, mais à la condition qu'ils nettoient la ville de ses remblais. C'est ce que font, en ce moment pour Ephèse, MM. Eberday et Wielberg.

Au moment où j'arrivais sur l'emplacement, je vis ces messieurs qui allaient prendre leur repas. « Nous reviendrons tout à l'heure, me dirent-ils, et nous visiterons la ville ensemble. » J'eus la malheureuse idée de vouloir faire le tour de la montagne qui domine Ephèse. Je voyais sur le plan, des traces de tombeaux, un gymnase, la grotte des Sept-Dormants.

Je me mets à faire mon excursion. J'ai vu la grotte des Sept-Dormants, mais je n'ai pu y entrer à cause de chiens terribles appartenant à des nomades qui y avaient cherché un abri. Il était six heures du soir, je n'étais pas revenu à Ephèse ; mais comme j'avais visité les ruines le matin, tout seul, grâce aux explications que m'ont données ces archéologues le lendemain j'ai assez bien profité de ma visite.

J'ai eu la chance d'assister à la découverte d'un bas-relief superbe. Là-bas on fait les fouilles avec un petit chemin de fer Décauville. Ce bas-relief de 14 mètres de long et de 4 mètres de haut se trouvait au-dessous du point d'arrivée de la voie, là où se déchargeaient les wagonnets, de sorte qu'à chaque instant, je voyais une figure qui était découverte et qui, bientôt se trouvait recouverte par le vidage d'un wagon. Finalement, je l'ai très mal vu, mais j'ai eu la chance que ces messieurs m'en ont envoyé des photographies. Il représente un combat et, à côté, un triomphe de Marc-Aurèle. Le bas-relief tout entier est au musée de Vienne.

A propos d'Ephèse je dois vous parler du temple d'Artémis, qui a été très célèbre, il y avait là une statue en or massif, grandeur naturelle, qui représentait Diane ou Artémise, sous un aspect très particulier, elle était en forme de gaine, elle avait des quantités de mamelles pour prouver sa fécondité, et elle avait des animaux qui sortaient de son corps, des lions, des cerfs, etc. Cette statue a été très imitée dans l'antiquité, mais la plupart de ses reproductions sont un peu fantaisistes, aucune ne ressemblait à l'autre. Quand je suis allé là-bas, j'ai pensé que je trouverais des reproductions de cette Diane, et que j'aurais la formule sous laquelle elle se présentait à Ephèse. Le temple où on adorait cette statue était d'une richesse extraordinaire, puisque Erostrate mit le feu à ce temple pour passer à la postérité. Quoi qu'on dise qu'à l'époque de saint Paul, ce temple devait être détruit, il y a une lettre de saint Paul qui prouve qu'il ne l'était pas. Il dit que, sur le chemin qui mène au temple, à droite et à gauche, il y a de petites boutiques remplies de Dianes d'Éphèse. Puisque saint Paul a constaté cela, le temple existait encore, et je pensais que, sur la quantité de petites figurines, j'en trouverais bien quelques-unes. Or, le temple a été entièrement détruit pour construire la ville voisine, et il faut aller à 14 mètres de profondeur pour en retrouver les ruines ; par conséquent, chez les marchands des environs, chez les paysans, nulle part je n'ai trouvé aucune représentation de cette Diane que j'avais été chercher. J'ai eu la chance d'être adressé à un docteur, qui m'offrit à dîner, on mange bien, parce que souvent on mange chez des particuliers. Au moment où j'allais prendre congé de lui, je vois sur sa cheminée une série de petites lampes en terre cuite représentant la Diane d'Éphèse. Cette fois, je me dis voilà bien la Diane d'Éphèse qui doit me donner la formule de la Diane, telle qu'elle était dans le temple. Je pousse un cri de joie, et alors, le docteur, quand il voit ma surprise me dit : « Cela vous intéresse donc ? » Je lui réponds : « J'ai fait le voyage de Lyon ici exprès pour cela. » Alors il me les a données, et elles sont au musée maintenant. Je suis heureux de lui envoyer, d'ici, le souvenir de ma reconnaissance.

Je suis allé également à Tralles, où le fils du conservateur du Musée de Constantinople fait des recherches, mais, malheureusement, les antiquités sont à douze mètres sous terre, et on est obligé de faire des tranchées immenses, et tout ce qu'on a pu constater, c'est que cette ville a eu des objets d'art en quantité, et que tous sont brisés ; on a trouvé seulement deux statues presque complètes.

Priène n'est pas d'un abord très facile, il a fallu que j'aille en voiture, à travers les forêts de réglisse, heureusement qu'elles ne sont pas hautes; c'est dans ces brousailles que les chevaux tirent la voiture, on est jeté à droite et à gauche, et je ne sais en quoi sont faites les voitures et les jambes des chevaux, mais rien ne casse, que les reins des malheureux voyageurs.

J'ai eu la chance de rencontrer M. le Docteur Wiegand, directeur du Musée de Berlin, qui a fait des fouilles très remarquables, et qui, en apprenant que j'allais venir, a bien voulu se rendre à Priène, pour me faire les honneurs de ses découvertes.

Je me faisais une fête de visiter ces ruines de Priène, parce que j'avais été documenté particulièrement par deux personnes : l'une, M. Rœrsh qui a fait un livre sur Priène. Il en donne une description merveilleuse ; à chaque pas, c'est une statue, à cinquante centimètres du sol, il y a des maisons à deux ou trois étages, c'est plus beau que Pompéi. Ce livre est le résultat d'une erreur : il a pris ce que les archéologues ont supposé avoir dû exister, et, d'après les rapports de M. Wiegand, il a fait une description de Priène il y a deux mille ans, et qui n'est pas la Priène d'aujourd'hui. Mon autre référence, c'est un savant qui a complètement perdu la vue et qui m'a dit : « Je viens de faire un voyage superbe », et il m'a fait la même description ; il était pardonnable, puisqu'il n'y voyait pas clair, et on pouvait lui raconter ce que l'on voulait. Eh bien, grâce aux explications de M. Wiegand, moi aussi, j'ai vu Priène antique, j'ai fini par avoir l'illusion de cette ville merveilleuse. On peut voir encore à Priène trois ou quatre monuments tout à fait beaux.

La ville de Priène est à contre-terrain. Elle a été construite sur les flancs d'une montagne. Les monuments les plus précieux ont été renversés par des tremblements de terre et sauvés par ces mêmes tremblements, qui ont accumulé les terrains au-dessus de ces chefs-d'œuvre et les ont conservés intacts. Il y a même une certaine partie qu'on aurait pu reconstituer si les habitants n'étaient venus y prendre des pierres pour les villes voisines.

A part le temple de Minerve (Pallas poliade) dont les restes sont bien conservés et qui a été construit par le même architecte que le temple d'Ephèse, je dois vous parler du stade ; un des côtés manque, de sorte que les spectateurs qui étaient sur des gradins, tout le long du stade, du côté de la montagne, avaient la vue du paysage et de la mer. A l'un des bouts, il y avait des poteaux en pierre avec des rainures. Voici l'explication qu'on en donne : dans les rainures glissaient des portes qui s'ouvraient verticalement comme les portes d'une souricière, et c'est derrière ces portes que les champions de course devaient se placer; au lieu de pousser un cri ou d'agiter un drapeau, on levait les portes et les coureurs partaient. C'est une explication plausible.

A côté de ce stade, il y a les locaux de la Société de gymnastique, une salle de conférence où l'on apprenait aux jeunes gens ce qu'ils avaient à faire pour devenir forts et peut-être leur donnait-on aussi des leçons de philosophie. Sur les murs, on retrouve des inscriptions qui indiquent la place de chaque élève ; chacun a inscrit son nom en ajoutant : « Si quelqu'un y touche, il aura affaire à moi. » En lisant tous ces textes, on assiste à la vie de ces jeunes gens qui venaient là pour s'instruire et devenir de bons citoyens.

On voit aussi le lavabo, qui est en bon état de conservation : des vasques de très beau marbre et, en haut, des têtes de lion qui jettent de l'eau dans ces vasques. Un détail assez curieux : à la sortie de cette salle, il y a une espèce de paillasson mais ce n'est pas un paillasson ordinaire, c'est un creux qui a à peu près cinq centimètres de profondeur, où l'eau arrive par un angle et sort par l'autre. Quand on sort d'un bain par aspersion, le corps est propre, excepté la plante des pieds. Il est probable que quand les jeunes gens venaient de faire leurs ablutions, ils avaient encore le dessous des pieds à laver, alors, ils trempaient leurs pieds dans cette sorte de bassin dans lequel l'eau courait tout le temps et ils étaient propres des pieds à la tête.

Dans les usines où l'industrie est salissante, il doit y avoir de petites cabines pour que les ouvriers puissent se laver complètement et la plante des pieds n'est pas propre. J'ai eu l'idée d'employer dans les lavabos d'usine ces petits paillassons d'eau et tout le monde s'en trouve bien.

Un endroit intéressant, c'est le Sénat ou plutôt le Conseil municipal, il est dans un tel état de conservation que tous les gradins sont intacts ; il y a l'autel des dieux, la place du président ; j'ai même demandé où était le verre d'eau sucrée.

J'ai oublié de vous parler du théâtre, qui est curieux parce qu'il a été d'abord un théâtre grec, puis un théâtre romain à la scène très élevée ; c'est le premier que je voyais ainsi. Les spectateurs des fauteuils d'orchestre devaient ne rien voir du tout ; c'est l'inverse des théâtres de Wagner. On m'a donné une explication : les places d'orchestre n'étaient pas les bonnes places ; les sénateurs se mettaient sur les gradins, et à l'orchestre, ou mieux au parterre, c'était l'endroit réservé aux valets de pied, aux esclaves. Cela m'a expliqué une impression que j'avais eue en Italie, à Fiezole, près de Florence. Dans un petit théâtre romain bien conservé, les fauteuils d'orchestre sont beaucoup plus bas que la scène et l'on y voit très mal.

De là, je suis allé à Milet, à l'embouchure du Méandre. On y a trouvé un Sénat, des temples ; on a déblayé l'ancien port, avec deux lions gigantesques qui étaient à droite et à gauche de l'entrée ; mais, ce qui est étonnant, c'est le théâtre. Figurez-vous un théâtre comme le théâtre d'Orange, placé à la place de l'église de Fourvières, à Lyon, et ce théâtre est supporté par des terrasses qui vont jusqu'à la mer. Il est flanqué à droite et à gauche de constructions gigantesques, massives, dans lesquelles on a percé des espèces de tunnels de funiculaires, des voûtes avec des escaliers monumentaux ; c'étaient les portes de la ville. Ce monument formidable est tout à fait merveilleux.

J'aurais voulu aller voir Pergame. On y a

retrouvé le fameux temple de Jupiter-Sauveur. J'allais m'y rendre quand on m'apprit que les statues du temple de Jupiter-Sauveur étaient à Berlin. Néanmoins je pourrai vous en montrer quelques-unes, et comme cette ville a une importance particulière, je puis vous en donner une description, grâce au magnifique ouvrage publié par M. Collignon.

Pergame a eu une très grande importance qui n'a pas duré longtemps, mais qui était due à la force politique de son fondateur, Atale Ier. Ce n'était pas un guerrier, mais il fut obligé de faire la guerre pour se défendre. C'était au moment où les Galates ou Gaulois firent leurs incursions dans l'Asie-Mineure. Ils faisaient des invasions pour piller. C'était une manière de faire le commerce à cette époque. Puis, quand on avait des voisins qui voulaient faire la guerre, ils se vendaient, ils devenaient mercenaires. Il y avait à Pergame une population de Gaulois ; les statues qu'on y a trouvées en sont la preuve. Ces Galates finirent par rendre la vie impossible à tous ces petits royaumes, toujours gênés par ces guerriers qui ne pouvaient se tenir tranquilles. Ils faisaient la guerre pour eux ou pour leurs voisins, et Atale prit le parti de les détruire. Il donna la sécurité au pays ; il put faire la paix avec tous ses voisins et il devint très riche. Il avait des goûts artistiques et littéraires, et fonda cette ville de Pergame où tout était fait en vue de l'art et des études littéraires et scientifiques.

Mais c'est son fils Eumène qui fit la Pergame que l'on vient de découvrir. Eumène avait fait un théâtre avec un foyer de un kilomètre de long ; il avait fait un musée de copies, de sorte qu'on a trouvé à Pergame une reproduction de tous les chefs-d'œuvre de l'antiquité. Il avait fondé une bibliothèque qui devint tellement célèbre que les rois d'Égypte en furent émus. Comme la bibliothèque d'Alexandrie était la première du monde, Ptolémée interdit l'exportation du papyrus, il se fit protectioniste. C'est alors qu'on fabrica avec des membranes une espèce de papier qu'on appelait *membranæ Pergamæ* ; si nous faisons une transposition de voyelles, nous avons presque *parchemin*. Voilà donc la création du parchemin et cela a permis à Eumène de faire une bibliothèque si considérable que, lorsque l'incendie d'un vaisseau mit le feu à une partie de la bibliothèque d'Alexandrie, Antoine y prit 200.000 volumes pour les donner à Cléopâtre, la bibliothèque de Pergame n'en souffrit pas.

Un moment ce fut la lutte du parchemin et du papyrus. Il y eut même à Rome deux partis. C'est Pline qui trancha la question ; il avait beaucoup déroulé de manuscrits sur papyrus, dont les fragments lui restaient aux doigts. D'un autre côté le papyrus ne pouvait pas se relier, et Pline dit : « Le parchemin nous donnera l'immortalité. » Il a eu raison, puisque ses ouvrages sont parvenus jusqu'à nous, grâce au parchemin.

Pour vous donner une idée de l'importance de cette ville, je vous parlerai du fameux autel de Jupiter-Sauveur, l'un des plus beaux monuments qu'on ait trouvé. Il se compose de deux terrasses, et tout autour de la première terrasse, on avait fait un bas-relief qui avait quelque chose comme 120 mètres de long et 6 mètres de haut. Les personnages représentent la lutte des dieux contre les Titans, ou, pour être plus exact, contre les fils du Ciel et de la Terre. Les sculpteurs se sont inspirés des textes d'Hésiode et d'Apollodore. Mais il était plus facile de de raconter tout cela en vers que de le représenter en marbre, parce que ce sont presque toujours les mêmes scènes et les mêmes dieux. Le sujet même est difficile à expliquer. Voilà les dieux qui combattent les fils du Ciel et de la Terre ; parmi ces dieux, il y a le Ciel et la Terre. M. de Milloué, conservateur de notre musée, me donnait cette explication : « Dans les Védas, les Assouras ont été détrônés par les dieux nouveaux parce que les dieux nouveaux avaient découvert l'ambroisie, qui rend immortel. C'était donc pour conquérir l'ambroisie que les anciens dieux se battaient avec les autres. Quand les Grecs se sont appropriés les légendes des Védas, ils ont continué de raconter la lutte des dieux, mais ils n'ont pas su les causes de la lutte. Chez les Indiens, c'était la lutte pour « l'apéritif », et chez les Grecs, on se battait sans savoir pourquoi.

Comme il fallait faire un bas-relief de 120 mètres de long, on a fait une mobilisation extraordinaire de divinités : les fils de la Terre sont combattus par Rhéa, Cybèle, la Terre, Hélios, Apollon, le Soleil, et ainsi on a fait cinq ou six représentations de la même divinité. »

Les artistes ne sont pas embarrassés pour faire des différences, grâce aux attributs, et pour .éviter la monotonie, tout en gardant l'unité, ils ont imaginé de représenter les Titans sous une forme spéciale qui consiste à avoir des ailes immenses et des jambes en forme de serpent ; de sorte que ces Titans ont des ailes qui forment le fond du tableau, et des jambes qui se tordent et se dressent, gueules ouvertes sur le premier plan de la composition.

Parmi les Titans, il y a Ouranos, le Ciel, et, à ce sujet, j'ai une autre explication à donner : Les peuples primitifs ont été fétichistes ; ils ont adoré l'esprit des choses. Le Ciel, c'est le ciel matériel piqué d'étoiles. La Terre, c'est la terre animée. Quant ils sont arrivés à comprendre les dieux de l'Olympe, c'était une autre série de divinités. C'est peut-être la lutte de ces dieux poétiques contre les dieux fétichiques.

Ouranos, qui était un des dieux fétichiques, est superbe. On l'a représenté presque plus beau que Jupiter lui-même ; c'est un des points culminants de la composition. On sent que ce bas-relief a été inspiré par des poètes et des lettrés, et les cinq ou six sculpteurs qui ont fait l'œuvre suivaient, au fond, les gens qui connaissaient la littérature. On reconnaît qu'il y a une méthode suivie. Au début, les dieux de la terre combattent : Bacchus, Mercure (probablement on en a fait un dieu de la terre, comme conducteur des âmes), Rhéa, Cybèle, sur son lion ; et ces dieux de la terre sont suivis des dieux de la lumière; Seléné, Hélios, qui n'est pas encore Apollon, puis ce sont les astres, etc., et nous voyons les grands dieux, les dieux supérieurs, car il n'y a pas de demi-dieux. On arrive aux dieux de l'Olympe et, en tête, se trouve Hécate la triple. Si les Indiens avaient eu à faire cette représentation, ils l'auraient faite avec trois têtes. Les sculpteurs ont trouvé moyen de faire trois femmes superposées et qui ne font qu'une seule femme ; puis arrive Jupiter lui-même, combattant terrible, qui à lui tout seul est en train d'exterminer trois *pterophidiens*, car j'ai appelé ces personnages de ce nom, de deux mots grecs, dont l'un signifie *aile* et l'autre *serpent*.

Après Jupiter, arrive Apollon lui-même, et les dieux supérieurs se terminent par Vénus et l'Amour. Ceux-là combattent facilement. Ils n'ont qu'à se montrer et ils sont vainqueurs.

La planète Vénus était à la fois l'étoile du soir et l'étoile du matin, la plus rapprochée du soleil; c'était aussi Castor et Pollux. Les sculpteurs ont voulu montrer qu'ils étaient inspirés par les lettrés. Les anciens avaient supposé que c'étaient deux frères dont l'un était mort pendant que l'autre vivait; aussi l'un est représenté vaincu. C'est le seul dieu qui meure et cela confirme la légende. Parmi ces personnages, il y a Artémis qui combat un géant, Otos. Ceci a inspiré une légende à Apollodore. Il racontait les amours d'Otos et d'Artémis. Un jeune homme se précipite sur Artémis et, à la vue de la jeune femme, il se trouve arrêté, ébloui, mais Artémis n'en a cure et lui plonge sa lance dans la poitrine.

J'ai oublié de vous parler des dieux de l'Aurore, entre autres : Hemera. C'est le mot, je crois, qui est devenu le mot Chimère, et en effet, il représente les illusions que l'on se fait au commencement de la journée.

Les dieux du crépuscule sont les Erynnies, les Gorgones, les Méduses. Les Méduses ne sont pas représentées avec des cheveux en serpents, mais avec une chevelure magnifique qui enveloppe tout le corps, et cela sert de transition pour arriver aux dieux de la mer : Amphitrite, etc. Ils ne sont plus qu'en demi-relief, combattant au loin sur la mer, pendant que les pterophidiens sont en pleine saillie.

Tel est ce bas-relief sur lequel je me suis trop appesanti. Mais je crois qu'il était intéressant de vous donner l'idée de ce chef-d'œuvre.

Après avoir vu toutes ces ruines, j'ai voulu aller à Damas et à Balbeck, où il y a une ruine merveilleuse, mais il y avait le choléra, on m'a dit : « Vous pouvez y aller mais vous n'en reviendrez pas », de sorte que je n'ai pas pu aller voir ni Balbeck, ni Damas, ni les cèdres du Liban.

Balbeck, vous le savez, est une construction de l'époque romaine, et d'une assez basse époque, il y avait des temples gigantesques, et les voyageurs qui vont à Balbeck peuvent voir trois pierres qui ont 20 mètres de long, 4 mètres de haut et 5 mètres d'épaisseur. Je n'ai pas vu ces trois pierres, mais je vais vous les montrer tout à l'heure. Ce temple de Balbeck avait une forme particulière, il avait un vestibule hexagone, ensuite une cour immense, et enfin le temple ; après ce temple énorme, dont vous verrez les colonnes colossales, on voit la ruine d'un temple plus petit qui est beaucoup plus beau d'architecture et qui était dédié à Jupiter.

Nous voilà à Jérusalem. On n'y va pas très facilement. La difficulté, c'est de débarquer ; le port de Jaffa est très dangereux, et quand il fait mauvais temps, on ne peut pas aller à terre. J'ai eu la chance d'arriver par un très beau temps. Ayant à passer quelques heures à Jaffa, la curiosité me prit de voir là un hôpital que j'ai fondé sans le savoir et voici comment : M. Charmes, dans un article qu'il a fait sur la Palestine, a raconté qu'un Lyonnais, M. Emile Guimet, avait fait construire un hospice pour les pauvres. Comme je n'ai jamais fondé d'hôpital, j'ai appris que c'était un lyonnais, un homme très remarquable, M.Joseph Guinet, qui a eu cette générosité. J'ai voulu faire faire une rectification et je suis allé trouver le Directeur de la *Revue des Deux-Mondes,* mais il m'a répondu : « la *Revue* n'est pas une œuvre de polémique, la responsabilité reste aux auteurs », mais la rectification a été faite dans les livres. Je suis allé trouver aussi M. Joseph Guinet, qui était mon collègue à la Société d'Instruction primaire et je lui ai raconté la chose, mais il m'a répondu que cela ne faisait rien : « Les demandes d'argent iront à vous et on me laissera tranquille. » Je suis donc allé voir mon hôpital et j'ai trouvé un monument magnifique, avec une croix sur la porte. J'ai demandé la Sœur supérieure, et elle m'a dit : « Il y a longtemps que je vous attends, c'est vous qui avez fondé notre maison », je lui ai certifié que ce n'était pas moi ; elle le savait bien, mais elle avait son idée. Elle m'a écrit pour Noël : « On vous accuse d'avoir fondé un hôpital, commettez la mauvaise action de faire un orphelinat. » Hélas il y a des difficultés qui m'empêchent de commettre ces crimes.

Il est un peu difficile de parler de Jérusalem, parce qu'on touche à des choses saintes, à des croyances, et il est fâcheux de dire que tout ce que l'on vous montre à Jérusalem est faux ; cela ne veut pas dire que des événements dont on veut retrouver la trace n'aient pas eu lieu seulement, voilà, on a immédiatement déterminé la place où chaque fait du Nouveau Testament s'était passé ; ces faits se sont peut-être bien passés, mais pas là. Néanmoins, il reste une impression particulière en voyant cette ville qui a eu un passé si lumineux, et on se demande comment cette ville peut encore exister. Je crois qu'il y a peu de villes qui aient été si souvent prises d'assaut, et dont les habitants aient été entièrement passés au fil de l'épée, et cependant, il y a toujours des habitants, et toujours des richesses, et cela ne cesse pas de siècle en siècle.

Je n'ai pas besoin de vous raconter l'histoire de Jérusalem, vous savez que c'est d'abord la ville où Salomon construit le temple, puis c'est Nabuchodonosor, qui détruit Jérusalem, et emmène les Juifs en captivité. Ensuite c'est le tour des Romains, de Titus, qui détruit tous les citoyens, ce sont les Croisés qui arrivent à leur tour, qui détruisent, et qui tuent tous les Musulmans, et toujours on fait périr les habitants. Enfin, dans ce moment, c'est l'empereur Guillaume, qui a fait tomber un pan de muraille pour pouvoir entrer comme un conquérant. C'est la dernière fois qu'un souverain entre à Jérusalem.

Qu'est-ce qui fait que cette ville qui a eu tant de malheurs, qui, à plusieurs reprises a été pillée, brûlée, qu'est-ce qui fait que cette ville toujours revit et resplendit? Je crois que c'est sa littérature. Le peuple hébreu a été un peuple poète. Il y a quelques jours, M. Berger faisait au musée une conférence sur les origines de la poésie hébraïque, et il nous montrait qu'on trouve dans les caractères cunéiformes des Chaldéens, les textes qui ont inspiré la Bible, mais les légendes chaldéennes, sèches et froides, sont devenues magistrales, poétiques, et lorsque les Hébreux ont été réduits en captivité ils étaient poètes. La citation de M. Berger du psaume *Super flumina Babylonis*, nous montre que les Hébreux étaient des improvisateurs inspirés ; ils ont voulu suspendre leurs harpes aux branches des saules, mais leurs maîtres les ont forcés à chanter.

Les Hébreux étaient des bardes, des improvisateurs ; quand on lit la Bible, il faut être poète pour la comprendre. C'est Victor Hugo, dans *La Conscience*, c'est encore Victor Hugo, dans *Ruth et Booz* ; c'est Lamartine, dans ses *Hymnes* qui peuvent rendre ces textes. Les prophètes ont été des poètes véhéments qui excitaient au patriotisme, ordonnaient la vertu ; les rois ont été des psalmistes, et Jésus a fait de la poésie avec son cœur.

De sorte que ceux qui vont à Jérusalem à la recherche des reliques, se trompent, Jérusalem plane au-dessus dans un flamboiement d'idées magnifiques dont quelques-unes ont bouleversé le monde.

A Jérusalem, ce qu'il y a de curieux, selon moi, c'est Jérusalem. Je ne m'attendais pas à trouver tellement intacte une ville du temps des Croisades avec toutes les rues de l'époque, des fenêtres en ogive ; on a une sensation que l'on est Croisé soi-même. Cependant, une nouvelle Jérusalem se construit, ce sont les Allemands, ce sont les Russes, les Italiens, tout le monde s'en mêle, même les Français. Sion est, en ce moment, le paradis des maçons.

J'ai vu Jérusalem dans d'excellentes conditions : toutes les différentes congrégations qui habitent là sont, pour la plupart, composées de savants, et j'ai été reçu comme un collègue ; ils ont bien voulu se relayer pour me faire voir toutes les antiquités et les curiosités du pays. C'est ainsi que j'ai visité le tombeau des Rois, la montagne des Oliviers, j'ai même vu la Mer-Morte, personne ne m'avait dit qu'on pouvait la voir de la montagne des Oliviers. J'ai visité le Saint-Sépulcre, la Mosquée d'Omar, ce n'est pas lui qui l'a construite. Cette mosquée a été édifiée sur l'emplacement de l'ancien temple de Salomon, et le rocher qui est au milieu est probablement celui qui supportait l'autel du feu dont parle la Bible; sous ce rocher il y a une grotte, et celui qui vous conduit vous explique tous les miracles qui se sont passés autour de ce rocher. Dans le Coran, Mahomet raconte que, pendant une nuit, il a été transporté à Jérusalem, et voilà ce qui lui est arrivé : il a eu l'idée de vouloir faire sa prière devant l'autel où Abraham faisait la sienne, il était dans cette grotte, lorsque l'ange Gabriel, qui l'avait accompagné sur sa belle jument, lui dit : « Il faut vous en aller. » Alors Mahomet oubliant qu'il était dans la grotte s'élança en l'air, et se frappa la tête ; on voit dans la grotte un trou qui a été fait par la tête de Mahomet. Alors l'ange lui dit qu'il fallait faire le tour pour sortir. Mahomet suivit le conseil, monta sur le rocher et partit, mais il emportait le rocher avec lui, alors, l'ange retint le rocher avec sa main, et on voit dans le rocher la trace des cinq doigts de l'ange.

Si vous voulez nous allons passer aux projections.

Projections

1. *Aqueduc*. — C'est ce qu'on appelle le *Pont des Caravanes*. Au fond l'on voit un aqueduc ogival construit par les Turcs pour amener l'eau à Smyrne. Près de là se trouve un immense enclos où remisent les caravanes venant de l'intérieur avec des chargements de blé, de tapis, de figues. Les chameaux sont énormes et allongeant le pas, marchent tout droit devant eux et ne sauraient circuler dans les rues étroites et contournées du bazar de Smyrne. Ce sont des chameaux de grande communication. On leur enlève les ballots que l'on charge sur des bêtes plus petites, dressées à marcher au milieu de la foule compacte, de l'encombrement des voitures et des tournants brusques sans rien accrocher. On les attache une dizaine à la file et, en tête, c'est un petit âne qui les dirige.

2. *La Rivière*. — Autre vue du même endroit. Ces grands cyprès derrière ce mur indiquent l'emplacement d'un cimetière turc.

3. *Aya-Soulouk*. — C'est la station où l'on descend pour aller visiter Ephèse. Cet aqueduc a été construit avec les pierres du temple d'Ar-

témis, on y trouve des inscriptions et des ornements très beaux. Il en est de même pour le château-fort et la vieille mosquée que vous voyez sur la droite.

4. *Aqueduc.* — Ici le monument est vu de plus près ainsi que l'intérieur du village.

5. *Vieille Mosquée.* — Elle est en ruine. Le style en est particulier et de la belle époque de l'art arabe.

6. *Ephèse.* — Cette vue des ruines nous montre les thermes romains envahis par la mer. Ephèse attirait les étrangers non seulement par son temple célèbre mais par son commerce et ses ports. Deux avenues menaient des ports au théâtre placé sur la montagne. Celle de gauche traversait le quartier romain et celle de droite menait à l'ancien agora grec.

7. *Grande Avenue.* — Elle est pavée de larges dalles de marbre blanc et, de chaque côté on avait dressé des monuments et des statues.

8. *Propylées.* — Au milieu de l'avenue grecque, avant d'arriver à l'agora on avait élevé un portique avec des marches et d'élégantes colonnes.

9. *Fontaine.* — Les deux avenues aboutis-

saient à cette fontaine monumentale au-dessus de laquelle est le théâtre.

10. *Théâtre.* — Il est assez bien conservé et dominait la ville.

11, 12. — Ephèse

11, 12. *Grand Bas-Relief.* — C'est ce beau monument qu'on mettait à jour pendant que je visitais les ruines. Vous le voyez comme entreposé au pied d'un large escalier qui menait à la bibliothèque publique. Il est probable que ce triomphe de Marc-Aurèle n'a pas été mis à sa place définitive.

13, 14, 15, 16. *Tombeau de Konia.* — J'étais au Musée de Constantinople au moment où l'on venait d'y installer ce superbe monument trouvé à Konia. On n'en était pas très enthousiasmé, on jugeait qu'il trahissait un art de décadence. Moi je l'ai trouvé très beau. Son style, affranchi des traditions classiques a une saveur spéciale. Sur deux de ses côtés on a représenté des chasses; les personnages de types élancés font penser aux sculptures de la Renaissance. En opposition à ces scènes mouvementées, les deux autres côtés ont des scènes funéraires. Ici c'est la porte du tombeau, à droite et à gauche la femme et le fils du défunt offrent des aliments présentés sur une table d'offrande; les Anciens et surtout les Égyptiens ont considéré que la tombe était une demeure et que l'âme du mort pouvait avoir faim et soif. Sur cet autre côté, entre Castor et Pollux, considérés comme dieux funéraires à cause de leur mort et de leur résurrection journalières, on voit le personnage en l'honneur de qui le monument a été érigé, entre sa femme et son fils, assis sur un trône, il lit. Quoi? De la littérature, un rituel?

On ne sait. Mais le livre est relié, donc il était

13. — Tombeau de Konia

en parchemin; ce détail sert à dater l'œuvre.

ANTIQUITÉS. — SYRIE ET PALESTINE   179

17, 18, 19. *Jeune Homme à la Pèlerine.* —

17. — Jeune homme de Tralles

C'est une des deux statues trouvée à Tralles

par le fils d'Hamdy-Bey. Ce personnage est vêtu d'une pèlerine lorraine à capuchon. Voyez comme sous ce vêtement un peu roide on devine le corps souple et vigoureux. La tête n'a rien des souvenirs de l'art grec, cela pourrait être un gamin de la Croix-Rousse, mais comme c'est vivant et sincère. On a pensé que c'était un athlète qui, après ses exercices avait mis un manteau pour ne pas prendre froid. Les gymnastes antiques ne suivaient pas ce système; ils faisaient de l'hydrothérapie et au sortir du gymnase ils se lavaient à l'eau froide. M. Pottier, conservateur du Louvre a rapproché cette statue d'une figurine de Tanagra qui représente un jeune homme vêtu aussi du *cuculum*, mais qui est assis et endormi la tête sur sa main. Mais j'ai mieux à vous montrer.

20. *Jeune Homme endormi.* — Voici une figurine trouvée au Fayoum. Le personnage à la pèlerine dort et tient une lanterne à la main; c'est ce que l'on appelle au Caire un *porte-fanous* chargé d'éclairer les habitants qui le soir, rentrent chez eux.

21. *Tombeau Isiaque.* — Je place là un monument du même musée, trouvé en Crète. On y voit un roi pseudo-égyptien devant un pré-

tendu Horus à tête d'épervier. C'est un monument très important pour l'étude du culte isiaque, hors d'Egypte.

22. *Vase de Pergame*. — Il est conservé au Louvre et l'on avait la conviction que c'était le seul monument que cette ville pouvait donner, mais la mission allemande de Berlin, après des fouilles très bien conduites, a retrouvé l'autel de Jupiter-Sauveur avec ses bas-reliefs très mutilés mais assez conservés pour qu'on ait pu reconstituer toutes les scènes qu'ils représentaient et que je vous ai décrites.

23. *Plan*. — Afin de mieux vous faire comprendre l'ensemble de ces énormes ruines, je vous montre un plan général. Ce qu'on voit tout de suite c'est l'emplacement du théâtre; il était précédé d'une longue terrasse avec des arcades; c'était le foyer, un foyer d'un kilomètre de long. A droite l'agora, les monuments des services publiques, la fameuse bibliothèque. Ici le célèbre autel de Jupiter; il ne reste que les murs qui en supportaient la surface, ce sont tous ces petits carrés. Ensuite venait le temple d'Artémis, le palais du roi et à gauche, un autre palais construit pour l'empereur Adrien.

24, 25. *Théâtre*. — Ces vues vous donnent une idée de l'immensité de ce monument qui couvrait toute la montagne.

26. *Restauration*. — On a essayé de reproduire en élévation les monuments retrouvés ; vous les voyez dans l'ordre où ils étaient sur le plan et avec la richesse d'architecture dévoilée par les fragments retrouvés.

26. *Autel de Zeus*. — C'est aussi une restauration, une reconstitution. Vous voyez le large escalier qui montait à la première plate-forme et le commencement du grand bas-relief de 120 mètres de long.

27. *Portique*. — On suppose que la première plate-forme était entourée de colonnades se détachant sur des murailles ornées de peintures imitées des tableaux d'Apelle.

28. *Cybèle*. — Je vous montre quelques scènes du bas-relief. Voilà la mère des dieux chevauchant sur son lion qui se redresse et « stèpe » comme un cheval de race : la noblesse, la puissance, le calme caractérisent la déesse.

29. *Jupiter*. — Il combat plusieurs ptérophidiens. Quoique la tête manque, à la puissance du torse, à l'énergie de la pose, on reconnaît le maître des dieux.

ANTIQUITÉS. — SYRIE ET PALESTINE 183

32. — Cèdres du Liban

30. *Athénée*. — Elle combat un géant qui n'a

ni les ailes ni les jambes de serpents, mais pour que ces détails caractéristiques ne manquent pas à la scène, nous voyons le serpent de la déesse qui enroule et mord le corps du géant et une victoire dont les ailes couvrent le fond du tableau.

31. *Chemin de fer de Damas.* — Le choléra m'a empêché d'aller jusqu'à cette ville, mais j'ai visité la chaîne du Liban et la vallée de Balbeck qui la sépare de l'Anti-Liban. En temps ordinaire on y va par ce chemin de fer pittoresque.

32, 33. *Cèdres.* — Ils sont célèbres et peu nombreux. On a donné des noms aux plus gros.

34. *Avenue de Balbeck.* — Encore un endroit que je n'ai pas vu mais dont je puis vous montrer des photographies. C'est au milieu des vergers plantureux que s'élèvent ces belles ruines. Ce chemin qui y mène montre une végétation vigoureuse.

34. *Balbeck.* — C'est une vue générale. Les colonnades jaillissent dans la verdure.

35, 36, 37, 38. *Les Ruines.* — Il y a deux temples où l'on arrive en passant par de sombres tunnels percés sous les terrasses. Le temple du Soleil est le plus grand, le temple de

ANTIQUITÉS. — SYRIE EN PALESTINE 185

34. — Balbeck

Jupiter est le plus beau, quoique de basse époque. Construit sous Septime-Sévère, on a

35. — Balbeck

voulu le faire somptueux et vous voyez qu'on a réussi. Remarquez cette énorme pierre qui s'était détachée d'une architrave et restait suspendue ; elle est maintenant soutenue par une colonne en maçonnerie. L'Empereur d'Allemagne s'intéresse à Balbeck, il en fait son affaire et y ordonne des réparations. La dernière vue vous montre les trois énormes pierres qui attirent plus de visiteurs que la beauté des monuments.

39. *Sidon. Plan.* — Il y a au musée de Constantinople une série de tombeaux superbes qui ont été trouvés dans une seule nécropole de Sidon par Hamdy-Bey, le directeur du Musée. Vous voyez le plan de cette cité funéraire, et aussi la coupe en élévation qui vous montre à quelle profondeur il a fallu aller chercher ces énormes monuments. Comment les avait-on descendus dans les chambres souterraines ? On ne sait. Pour les retirer, on a construit une longue galerie inclinée.

40. *Tombeau du Satrape.* — Ces sarcophages avaient été enlevés dans différents pays, et avaient servi à d'autres sépultures. Celui que vous voyez avait eu des ornements en bronze doré qui ont été volés ou plutôt usés par les intempéries avant d'être cachés dans les hypogées. Ainsi le trône du Satrape a perdu ses

41. — Tombeau Lycien

pieds et les chevaux se cabrent, retenus par des rênes qu'on ne voit plus.

ANTIQUITÉS. — SYRIE ET PALESTINE   189

47. — Tombeau des Pleureuses

41. *Tombeau Lycien.* — Les sarcophages avaient la forme d'une habitation. Or, les anciens nous apprennent qu'au pays Lycien, à cause de la neige, les maisons avaient des toits très élevés, pointus, aux lignes gracieusement recourbées. Ce monument doit venir de ces contrées.

42, 43, 44, 45, 46. *Le Même.* — La surface des deux ogives de chaque bout a été très adroitement utilisée par la représentation de deux griffons et de deux sphinx ailés. Les sujets du pourtour nous montrent des repas funéraires et des cavalcades, suivant la règle de faire alterner des sujets calmes avec des compositions mouvementées. Le style est pur et fort inspiré des frises du Parthénon. Néanmoins les types des têtes sont moins fins, mais plus vivants que les figures de Phidias.

47, 48, 49, 50, 51. *Tombeau des Pleureuses.* — Ici tout est calme. Entre d'élégantes colonnes ioniennes on a représenté une succession de pleureuses pleines de dignité. On sent une réminiscence des belles scènes funéraires du Céramique d'Athène. La variété des attitudes est à remarquer. En haut et en bas, de petites frises à léger relief — toujours pour opposer un peu de mouvement à la tranquillité générale — nous font assister à des chasses et des courses en chars, à peine indiquées.

52, 53, 54, 55, 56, 57, 58, 59, 60, 61. *Grand*

52. — Grand Tombeau

Tombeau. — Celui-là a été trouvé tout neuf et quoique en très beau marbre, orné de couleurs vives. Il a la forme d'un temple grec. La toiture est faite avec un soin presque trop poussé, aucune tuile ne manque et des antefixes nombreux se dressent tout autour. Les personnages de petites dimensions mais en très haut relief nous font assister d'un côté à une chasse, de l'autre à un combat. Ce monument a été appelé « le tombeau d'Alexandre » parce que ce roi, très reconnaissable à la peau de lion qui couvre sa tête comme sur ses médailles, est représenté dans le coin, à gauche de la scène principale. A l'autre bout, un vieux cavalier qui ressemble à de Moltke pourrait être le général Parménion. Les Grecs sont nus et les Perses très couverts d'étoffes, la tête enveloppée d'épaisses « couffies » syriennes. La composition est bien ordonnée mais trop garnie, chaque scène rappelle un sujet déjà vu ; le groupe d'Alexandre et du chef asiatique qui fait abattre son cheval pour éviter le coup de lance est la copie exacte du même incident de la bataille d'Arbelles, la belle mosaïque du musée de Naples. Quand on a exhumé ce monument on a crié au chef-d'œuvre. Je ne suis pas tout à fait de cet avis. On y sent la main d'habiles ouvriers, mais il n'y a pas d'invention, d'idées personnelles comme dans le bas-relief de Pergame.

62. *Jérusalem*. — En arrivant de la gare on traverse ce marché qui est très animé.

63. *Porte de Damas*. — Cela vous donne une idée des fortifications moyen-âge qui font tout le tour de la ville.

64. *Tour de David*. — Ainsi nommée parce qu'elle a été construite par les Croisés.

65, 66. *Rues*. — Presque toutes les rues ont cet aspect pittoresque, avec ces arceaux gothiques. C'est là le véritable intérêt artistique de Jérusalem.

67. *Tombeaux des Rois*. — Ainsi nommés parce que rien ne prouve que c'était là qu'on enterrait les rois.

68, 69, 70. *Mont des Oliviers*. — En gravissant la montagne on découvre la Mer-Morte qui fait une grande impression. Elle change de couleur à chaque heure du jour; le matin elle est d'argent, toute bleue à midi et toute en or au coucher du soleil. La dernière vue vous montre une tempête sur la Mer-Morte, l'eau est d'une telle densité que les vents violents ne font que rider sa surface.

71. *Vallée de Josaphat*. — C'est depuis des siècles le cimetière des Juifs, le vallon n'est pas large et j'ai de la peine à comprendre com-

ment l'humanité pourra s'y réunir pour le jugement dernier.

72. *Tombe de Gédéon.* — Ainsi nommée parce que ce n'est pas la tombe de Gédéon. Au point de vue architectural c'est un monument curieux, fait d'une seule pierre que l'on a creusée par dessous.

73. *Vue Générale.* — Jérusalem vue de la montagne des Oliviers. Au premier plan, derrière les murailles crénelées se dresse la Mosquée d'Omar, construite sur l'emplacement de l'ancien temple.

74. *Tribunal de David.* — Ce pavillon est ainsi nommé parce qu'il a été construit par les arabes, il est placé devant l'entrée de la grande mosquée.

75. *Chaire de la Mosquée El-Aksa..* — Elle a été construite sur l'emplacement du palais de David. C'est un des rares endroits où l'archéologie est d'accord avec la légende. On visite encore en dessous les grandes voûtes qui servaient d'entrée à la ville et devaient être remplies de boutiques, à droite et à gauche. Après avoir traversé au soleil la campagne désertique on se trouvait à la fraîcheur et en plein bazar animé et luxueux.

ANTIQUITÉS. — SYRIE ET PALESTINE   195

78. — Entrée du Saint-Sépulcre

76. *Réservoir d'Ézéchias*. — Une des nombreuses pièces d'eau qui sont alimentées par les surfaces dallées qui entourent la mosquée. C'est pour les habitants une ressource précieuse.

76. *Fête des Rois.* — J'ai pris ce dessin dans un numéro du *Monde Illustré*. Il fait voir la foule un jour de fête célébré par toutes les croyances. La population remplit les rues, couvre les toits et garnit même les hauts balcons des minarets turcs.

78. *Façade du Saint-Sépulcre.* — Vous reconnaissez l'architecture des Croisades. Le service est fait alternativement par des prêtres grecs et des franciscains. Au bas de cet escalier qui conduit à la chapelle du Calvaire, il y a une dalle litigieuse ; on ne peut savoir qui a le droit de la balayer le jour de la Noël; alors discussions, coups de balais, coups de couteaux. La police turque intervient et met les fidèles en prison. Puis la diplomatie travaille et on recommence l'année suivante.

79. *Tombeau du Christ.* — La première fois que je l'ai vu il était neuf heures du soir et je fus très impressionné. Ce sépulcre de marbre blanc, noyé dans les lumières, se dressant sous une voûte immense dont on ne voyait pas le

sommet, c'était beau. En plein jour on est désenchanté par l'architecture de mauvais goût, la saleté des pèlerins, l'indifférence des assis-

89. — Statuette de Tarse

tants. Au fond du sanctuaire il y a une porte basse, en se baissant on arrive à une plaque de marbre, si on donne deux sous à un pope qui transpire au milieu des cierges, on a le droit de la baiser. C'est le tombeau de Jésus-Christ.

80. *Le Jourdan*. — Je n'ai pas eu le temps d'y aller. C'est assez fatigant et ainsi que

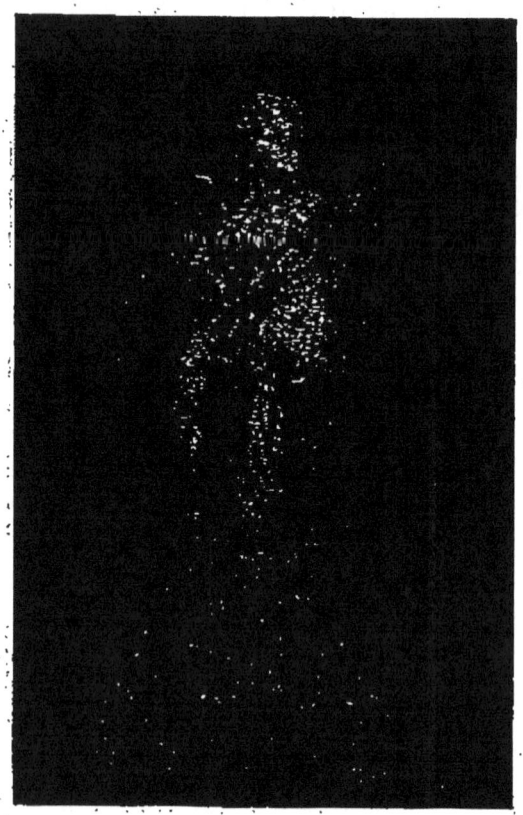

100. — Victoire de Tarse

vous le voyez il faut emporter sa tente et sa cuisine.

81, 82. *Palmyre*. — Je vais vous montrer quelques ruines que je voulais voir et que je n'ai pu visiter.

83, 84. Ces portraits funéraires viennent de

Palmyre. Ils sont à mon musée. La femme fait avec son vêtement le nœud symbolique isiaque.

84. *Babylone*. — Vous voyez que les fameux jardins étaient réellement suspendus.

86, 87, 88. *Suze*. — Vous assistez aux fouilles qui ont été faites avec tant de succès par M. et Mme Dieulafoy. Voici les colonnes ornées de corps de taureaux et la procession des fameux archers formée de briques de faïences multicolores.

89 à 100. *Terres cuites d'Asie-Mineure*. — Enfin, pour terminer, je vous présente une série de statuettes trouvées pour la plupart à Tarse, où l'on rencontre des montagnes formées par des débris d'objets antiques. Ce qui caractérise ces œuvres c'est leur grâce, leur originalité et je dirais presque leur modernisme ; on les dirait modelées par Clodion, Falguières, Benvenuto et même Rodin. Ce sont là de ces surprises charmantes que nous réserve l'archéologie bien comprise.

LE THÉATRE EN CHINE

Mesdames, Messieurs,

Les auteurs chinois ne sont pas d'accord pour nous dire à quelle époque a paru le Théâtre chinois. Cela vient de ce qu'ils n'ont pas bien saisi la différence qu'il y a entre des pantomines mêlées de chants et des pièces ordonnées, ayant un sujet, des situations et un dénouement.

Vingt-deux siècles avant notre ère, Chun, qui de laboureur était devenu empereur, avait, grâce à l'éducation raffinée que lui avaient donnée ses deux épouses qui étaient les propres filles du souverain, composé des ballets, réglé des scènes religieuses dont il faisait la musique.

Ces scenarios destinés à embellir les fêtes princières représentaient la marche des astres, la force des éléments, parfois des légendes sacrées ou historiques, et aussi des actes de la vie courante comme *la culture, les joies de la maison, les fatigues de la guerre, les plaisirs de la paix.*

Mais on n'entrevoyait pas, comme dans les danses sacrées de l'Inde et de Java, une intrigue amoureuse, ni les péripéties d'une histoire mythologique.

Le P. Cibot nous apprend que Tching-Thang, fondateur de la dynastie des Chang (1766 avant notre ère) fut loué pour avoir proscrit les jeux de la scène, que Siouen-Wang, de la dynastie des Tchéou (827 avant notre ère), reçut de ses dignitaires le conseil d'éloigner les comédiens de sa cour, qu'enfin un autre empereur, dont on ne sait pas le nom, fut privé des honneurs funéraires pour avoir trop aimé le théâtre.

Mais il est probable que le savant traducteur du xviiie siècle a confondu les parades avec les comédies et les bateleurs avec des acteurs jouant des pièces littéraires.

On est d'accord pour admettre que ce n'est que sous les Thang (720 avant notre ère) que l'empereur Hiouen-Tsong institua le théâtre chinois et qu'alors les lettrés s'appliquèrent à développer ce genre d'écrits poétiques ; mais il ne nous est parvenu aucun spécimen de l'art dramatique de cette époque.

A l'époque des Song (960 à 1119 de notre ère) les pièces n'avaient jamais plus de cinq personnages et les parties en vers chantés occupaient la plus grande place, ce qui refroidissait l'action.

C'est sous les Youën (1123 à 1141 de notre ère) que s'épanouit vraiment l'art dramatique.

La conquête de Koubilaï-Kan avait amené vraisemblablement le contact des littératures européennes et chinoises, comme elle avait créé les échanges d'objets d'art et de produits commerciaux. Les pièces de Ménandre, de Terence, de Plaute, peut-être aussi les tragiques grecs furent connus des lettrés sinon par les textes, du moins par des analyses ou des récits.

Plus tard sous les Ming et les Tshing, la forme archaïque des Song reparut avec des dialogues sans intrigue ou des scènes histoqirue sans conclusion. On peut dire que l'époque de Youen vit un éclat de littérature dramatique qui n'avait pas eu de précédents et qui plus tard cessa de briller.

« La poétique chinoise de cette période veut que tout œuvre de théâtre ait un but et un sens moral. Une pièce chinoise sans moralité n'est aux yeux des Chinois d'alors qu'une œuvre ridicule, dans laquelle on n'aperçoit aucun sens. Suivant les rhéteurs, l'objet qu'on se propose dans un drame sérieux est de *présenter les plus nobles enseignements de l'histoire* aux ignorants qui ne savent pas lire ; et d'après le code pénal de la Chine, le but des représentations théâtrales est *d'offrir sur la scène des peintures vraies ou supposées, mais capables de porter les spectateurs à la pratique de la vertu.* L'obscénité est un crime. Ceux qui composent des pièces obscènes, dit un écrivain chinois cité par Morrison, seront sévèrement punis dans le séjour des expiations, et leur supplice durera aussi longtemps que leurs pièces resteront sur la scène. » (Bazin, *Chine Moderne*.)

C'est sans doute pour affirmer ce but élevé que les auteurs chinois ont imaginé le *personnage qui chante*. Ce rôle important est à coup sûr une imitation du chœur grec, mais au lieu d'être impersonnel comme la foule qui parlait sur le théâtre de Bacchus, ou sur les scènes romaines, il prend part à l'action ; et c'est au milieu des péripéties qu'il donne des conseils, juge les situations, en déduit la moralité, prédit ou applique les châtiments, à moins qu'il n'octroie les récompenses. Au lieu d'arrêter le mouvement, il y participe. C'est un conférencier qui agit et donne l'animation aux scènes au milieu desquelles il se meut.

On a choisi et réuni dans une édition chinoise cent pièces de comédie de l'époque de Youen. Bazin dans la *Chine Moderne* en a donné des résumés et des extraits. Il serait à souhaiter qu'on publiât des traductions complètes de ces ouvrages qui nous donneraient les renseignements les plus précieux sur l'histoire, les mœurs et les croyances. On peut se demander si le choix que Bazin a fait dans ses citations est bien celui que nous ferions maintenant que nous sommes plus familiarisés avec l'Orient. D'autant que Bazin s'est placé à des points de vue qu'on peut discuter.

Il juge les pièces chinoises d'après les règles qu'ont employées les auteurs européens et, d'après ces règles, il les trouve mal faites ; il croit qu'il analyse Racine ou Crébillon. D'autre part, toutes les fois qu'il s'agit d'une pièce où intervient le surnaturel taoïste ou bouddhique, ce qui forme ce que nous appellerions des féeries, il trouve tout ridicule, parle de la jonglerie des prêtres, de la superstition des peuples et ne voit pas le sens moral de ces drames mythologiques.

Néanmoins, c'est bien à lui que j'aurai recours pour vous faire connaître cette curieuse littérature théâtrale, et, tout en critiquant sa manière, je dois lui témoigner notre reconnaissance pour nous avoir initiés à ces œuvres qui, sans lui, seraient ignorées. Il a fait un classement de ces ouvrages :

1° Les drames historiques ;
2° Les drames Tao-Ssé ;
3° Les comédies de caractères ;
4° Les comédies d'intrigues ;
5° Les drames domestiques ;
6° Les drames mythologiques ;
7° Les drames judiciaires.

Si vous le voulez bien, nous simplifierons la nomenclature. Les idées religieuses pénètrent tellement le Théâtre chinois que l'on peut dire qu'à part quelques drames nettement historiques et quelques comédies d'intrigues, les croyances sur la transmigration des âmes, sur les punitions aux enfers, sur les bienfaits de l'état religieux, servent de trame à tous les sujets de pièces, et qu'en résumé nous aurons :

1° Les drames historiques ;

2º Les pièces mythologiques, de beaucoup les plus nombreuses ;

3º Les comédies d'intrigues.

L'examen de ces ouvrages nous procurera plus d'un avantage.

Les historiens chinois, si soigneux d'être véridiques, si préoccupés de n'oublier aucun détail de la vie des empereurs, nous ont, en somme, donné des chroniques assez sèches. Ils nous racontent les événements sans nous faire connaître les sentiments de ceux qui les ont accomplis. Ils nous disent les révolutions, les avènements, les guerres, les lois, et ne nous font pas voir les mœurs, les gestes, les rites, et tout ce que nous voudrions savoir sur ces temps reculés.

Les auteurs dramatiques ont fait, avec leurs pièces, un véritable tableau des antiquités chinoises. Non seulement ils ont voulu exprimer des passions, mais par de consciencieuses recherches archéologiques, ils ont reconstitué la manière de vivre de la Cour et du peuple depuis le temps des Tchéou (600 ans avant notre ère). Au point de vue des études religieuses, ils ont fait plus encore. Tous leurs personnages vivent dans une ambiance de croyances et de superstitions ; nous les voyons agir en vertu de leur foi, de leur conscience intime, de leurs habitudes de prières et de cérémonie. Nous apprenons comment vivaient les religieux bouddhistes et taoïstes ; nous pénétrons dans les couvents, nous visitons les temples, nous parcourons les cimetières ; mieux que cela on nous ouvre le ciel, nous en voyons l'intérieur et le mobilier ; s'il le faut nous descendons aux enfers... et quand on a lu ce répertoire des religions chinoises, on en sait plus long qu'en feuilletant les textes sacrés.

Nous allons, si vous le voulez, parcourir quelques-unes de ces pièces. Je serai obligé de vous lire des scènes entières, et je m'en excuse d'avance. Lorsqu'un conférencier cesse d'improviser et qu'il lit, il apporte aussitôt la somnolence sur le front de ses auditeurs, mais si vous vous laissez aller au sommeil, je n'en serai pas choqué. Dans les comédies chinoises, très souvent, un acteur se met à dormir et l'on assiste à son rêve ; si ma lecture vous endort, je croirai que vous jouez un rôle.

Commençons par les drames historiques, et je vais vous donner un aperçu de *La Boîte mystérieuse*. Le sujet est pris dans l'histoire des Song. à la fin du règne de Tchin-Tsong (1022 ans de notre ère). Ce prince était taoïste ardent et il y eut sans doute pour lui plaire une véritable épidémie de miracles ; les prêtres Tao-Ssé faisaient prodige sur prodige, des livres de sorcellerie tombaient du ciel, sur les montagnes jaillissaient des sources d'eau sucrée, et, l'Empereur ne cessait de faire des cérémonies, il rendit même un culte au philosophe Lao-Tzeu.

Les historiens l'ont fort critiqué de sa crédulité. Les historiens, en Chine, sont des adeptes de Confucius. Ils n'aiment pas Lao-Tzeu ; ils n'aiment pas le Bouddhisme non plus, et pourtant les Youen étaient bouddhistes. On comprend que les lettrés de cette époque avaient des préoccupations philosophiques et vous devinez dans quel encombrement de religions vont évoluer les personnages de nos comédies.

Aussi ce drame historique débute, en pleine religiosité. Un officier du Palais raconte les phénomènes surnaturels qui se passent autour du Tchin-Tsong, et en conclut que l'Empereur est un saint, aimé des dieux. Les ministres sont des sages. Enthousiasmé par tant de merveilleux, il en conclut que le souverain déjà vieux et sans héritier, va enfin avoir un fils. Le grand historiographe de la Cour a présenté hier un rapport d'où il résulte que les astres annonçaient la naissance d'un prince.

L'Empereur transporté de joie fait rassembler toutes ses femmes dans le jardin impérial et les fait ranger sur deux files. Puis il lance dans les arbres une petite boule d'or. Celle qui la trouvera sera digne d'être mère d'un prince héritier.

Les adolescentes se précipitent follement dans toutes les directions et c'est Li-Meï-Jin qui rapporte la boule. L'Empereur la mène au palais et les prédictions s'accomplissent, Li-Meï-Jin devient mère.

A l'acte suivant nous voyons l'Impératrice dans une agitation extrême. Froissée, humiliée de cet événement, elle appelle une de ses femmes.

L'Impératrice

Kéou-Tching-Yu, répondez à mes questions. Qui est-ce qui vous nourrit ?

La Servante *(elle fait une révérence)*
L'Impératrice.

L'Impératrice

Qui est-ce qui vous donne des vêtements ?

LA Servante (*elle fait une révérence*)
L'Impératrice.
L'Impératrice
Si je vous ordonnais d'aller dans le palais oriental.
La Servante
J'irais.
L'Impératrice
Dans le palais occidental.
La Servante
J'irais.
L'Impératrice
Si je ne vous ordonnais rien ?
La Servante
Je resterais ici.
L'Impératrice
Ah! mon cœur tressaille de joie, Tching-Yu, je vous aime. Il faut que vous me rendiez un service important. J'ai besoin de vous pour une certaine chose.
La Servante
Quelle est cette chose ?
L'Impératrice
Vous savez que Li-Meï-Jin est accouchée d'un fils. Allez dans le palais occidental, dites à la princesse que Sa Majesté témoigne le désir de la voir; puis faites semblant de quitter le palais et cachez-vous. Alors, ma bonne, vous prendrez l'enfant; vous lui enfoncerez un poignard dans le sein, ou, si vous aimez mieux, vous l'étranglerez avec votre ceinture..... Tching-Yu, c'est à

votre choix. Acquittez-vous de ma commission et revenez promptement...... Ah ! j'oubliais un point essentiel ; vous jetterez le prince héritier, quand il sera mort, dans le grand lac du jardin.

La Servante *(elle fait la révérence)*
J'exécuterai l'ordre de l'Impératrice.

La scène change. Dans le jardin, au bord du lac, la jeune Tching-Yu porte le petit enfant. Perplexe, affolée, elle admire la boule d'or qu'il a au cou, ses habits princiers et symboliques ; tout lui rappelle qu'il est bien l'enfant du miracle, que les dieux ont présidé à sa naissance et que c'est le sort de l'empire qu'elle tient dans ses bras. La générosité de son cœur de femme vient au secours de ses scrupules et elle prend la résolution de sauver le petit prince.

Passe le chef des eunuques, Tchin-Lin. Elle lui dévoile l'affreux complot formé par l'Impératrice et le supplie de cacher l'enfant. Justement l'eunuque porte une boîte à toilette, il comprend l'importance du rôle qu'il peut remplir et place l'héritier du trône dans la boîte.

Mais, voilà que l'Impératrice impatiente d'avoir des nouvelles, traverse le jardin suivie de son cortège et rencontre Tchin-Lin avec sa boîte.

L'Impératrice

Tchin-Lin?

Tchin-Lin *(consterné d'effroi)*

Ciel, l'Impératrice! Je suis mort!

L'Impératrice

Où allez-vous?

Tchin-Lin *(avec embarras)*

Dans le potager de l'Empereur *(il met sa boîte par terre)*, pour y cueillir des fruits de la saison.

L'Impératrice

Y a-t-il quelque chose de nouveau?

Tchin-Lin

On ne parle de rien.

L'Impératrice

Alors vous pouvez vous retirer. *(Tchin-Lin reprend sa boîte et s'éloigne précipitamment; l'Impératrice le rappelle.)*

L'Impératrice

Tchin-Lin, revenez ici. *(Tchin-Lin revient à pas lents, dépose encore sa boîte et s'agenouille.)*

Tchin-Lin

Madame, j'attends vos ordres.

L'Impératrice

(A part.) Qu'a-t-il donc? *(Haut.)* Tchin-Lin, quand je vous dis : « Allez-vous-en », vous fendez l'air comme la flèche échappée de l'arc; quand je vous dis : « Revenez », on dirait un crin qui traîne sur un tapis.

La souveraine insiste pour qu'on ouvre la boîte ; elle va tout découvrir lorsqu'on vient la chercher pour qu'elle assiste au repas de l'Empereur.

C'est le frère cadet du monarque qui a recueilli le prince héritier et nous assistons à la scène où, devenu grand, il est présenté à l'Empereur. La scène est touchante.

L'Empereur *(regardant le prince héritier)*
(A part.) Plus je le regarde, plus je trouve qu'il a de la grandeur, de la majesté dans son air, dans ses gestes. *(Au prince héritier.)* Vous n'êtes pas sans doute un enfant ordinaire. Quel âge avez-vous maintenant?

Le Prince Héritier
Votre sujet a dix ans.

L'Impératrice *(à part)*
Dix ans ! je tremble de frayeur. Cet enfant a les yeux, les traits, le visage de Li-Meï-Jin, la douceur de sa voix... Si Kéou-Tching-Yu m'avait trompée !

L'Impératrice *(au prince de Thsou)*
Mon frère, comment appelez-vous la femme qui vous a donné cet enfant?

Le Prince de Thsou
Li-Meï-...

Il va tout dévoiler. Mais l'Impératrice lui coupe la parole pour déclarer que c'est l'heure du repas.

On voit que les auteurs chinois, quand la situation est trop tendue, se tirent volontiers d'affaire en annonçant que le couvert est mis.

Au tableau suivant, on nous montre des scènes assez pénibles, mais qui sont dans le goût du spectateur chinois. L'Impératrice, furieuse, fait donner la torture à la pauvre Keou-Tching-Yu, mais, sans arriver à lui arracher son secret. Alors la souveraine pense au vieil eunuque, le fait venir et veut le forcer à frapper lui-même la jeune fille. L'embarras du malheureux, la rude épreuve à laquelle on le soumet, la colère de l'Impératrice et la persévérance de Tching-Yu, forment une situation vraiment théâtrale.

Dans un moment de répit la servante s'échappe, et va se briser la tête, contre les marches du palais Quand à l'eunuque, au moment où l'on va le mettre à la question, l'Empereur le fait demander et immédiatement les bourreaux se prosternent et les grands dignitaires présents l'accompagnent avec force révérence, jusqu'à la *porte rouge* qu'ils ne peuvent franchir.

Inutile de vous dire qu'au dénouement le jeune prince est reconnu et monte sur le trône à la mort de son père.

Vous avez sans doute été frappés de la ressemblance de cette pièce, avec l'*Athalie* de Racine. Elle a, avec une pièce de Voltaire, l'*Orphelin de la Chine*, des rapports d'autant plus grands que le célèbre auteur français a copié scène par scène, sur une traduction du P. Prémaré, le drame que je viens de vous raconter.

Avant que je vous aie encore rien dit de la pièce historique intitulée *Sié-Jin-Kouei*, je puis vous apprendre que vous en connaissez la géographie et l'histoire. Le fait important de l'intrigue est une victoire que les Chinois remportèrent sur les Coréens, sur les bords du Yalou. Les récents événements russo-japonais vous ont familiarisés avec ces localités, et c'est à la mort de l'empereur Tai-Tsoung, celui-là même que j'ai mis en opéra, que la Corée entreprend une guerre dont je vous dis le résultat fâcheux pour elle.

La victoire fut décidée grâce à l'adresse et au courage de Sié-Jin-Kouei, jeune volontaire engagé dans l'armée chinoise et qui, non seulement sauva le général chinois, mais assura la déroute en lançant trois flèches qui tuèrent, presqu'en même temps, trois chefs coréens.

Dans son rapport, le général chinois cite le courage de Sié-Jin-Kouei mais s'attribue à lui-même le coup d'adresse des trois flèches.

Le jeune volontaire est persécuté, accusé de désertion et, dans une scène grandiose, est amené à revendiquer pour lui, en place du général, la mort des trois chefs coréens.

Pour trancher la question on donne des arcs au général et au volontaire. Le général refuse de prendre part à ce concours indigne de lui, fait toutes sortes de difficultés mais est finalement forcé de montrer sa maladresse tandis que Sié-Jin-Kouei touche le but à chaque coup.

Dans toute pièce, même en Chine, il y a une intrigue amoureuse. Dans ce drame il y en a même deux. Avant de s'engager Sié-Jin-Kouei était marié, il aimait bien sa femme. Chemin faisant un prince lui offre sa fille en mariage. Rentré chez lui, il donne à sa femme, comme servante ou comme seconde femme la princesse qui trouve ça tout naturel; et tout le monde est content.

Sou-Tchin transi de froid; ce titre un peu long raconte toute la pièce. Nous y apprenons que deux cents ans avant notre ère, les Chinois avaient la précaution, pendant l'hiver, d'accumuler des blocs de glace dans des caves, pour se rafraîchir pendant l'été.

Sou-Tchin, fils de cultivateur, abandonne ses parents pour devenir lettré. Beaucoup de scenarios commencent ainsi. Couvert de haillons, mourant de faim et de froid, il revient dans sa famille qui le repousse. Même son frère adoptif, qui a fait fortune, a l'idée cruelle de le faire enfermer dans sa glacière où il lui fait subir toutes sortes d'humiliations.

Selon l'usage des auteurs chinois, il y a un revirement de fortune.

Sou-Tchin après avoir obtenu les plus hauts grades revient chez lui pour la seconde foi, mais brillamment escorté et couvert d'habits somptueux. Il veut bien oublier les mauvais traitements et pardonne même à son frère.

La Pagode du Ciel, quoique drame historique, nous transporte dans le surnaturel bouddhique.

Vous savez que les Chinois, sollicités par leurs trois religions, admettent pour les morts trois âmes différentes. L'âme fétiche du cadavre, qui lui reste attachée, qui a faim, soif, réclame des sacrifices ; c'est sur les soins à donner à cette âme qu'est basé le culte des ancêtres ; de tous temps les Chinois y ont cru, et les Confucéens aussi bien que les Taoïstes, l'admettent.

L'âme bouddhique qui va au ciel ou descend aux enfers pour y être punie ou récompensée selon les actes de la vie passée.

Enfin l'âme administrative, officielle et familiale, qui réside dans la tablette érigée dans le laraire de la maison. Au moment d'enterrer le cadavre, le fils du défunt promène sur le corps une sorte de bannière faite de flots de rubans. Grâce à certaines paroles prononcées, l'âme se jette dans les rubans ; on la ramène processionnellement à la maison, et là, par un geste d'en censoir, et grâce à d'autres paroles prononcées, l'âme saute dans la tablette où elle séjourne, présidant à tous les actes de la famille.

Yang-King, le héros du drame, est un des six fils du général Yang-Ling-Kong qui se bat contre les Tartares avec deux autres de ses fils. La scène se passe sous les Thang (VIIIe siècle).

Le théâtre est censé représenter la plate-forme d'une forteresse, comme dans l'*Hamlet* de Shakspeare, et, comme dans *Hamlet*, le spectre du père, accompagné du spectre d'un de ses fils, apparaît à Yang-King au milieu de la nuit. Comme il ne les sait pas morts, il est effrayé et en même temps profondément ému.

Nous pouvons nous demander qu'elle est celle des trois âmes dont nous avons parlé qui se promène ainsi par les chemins, c'est l'âme bouddhique ; le spectre du père le dit formellement. Il a obtenu du roi des enfers une permission de quelques heures pour venir sur la terre parler à son fils et lui apprendre que son autre âme, celle du cadavre, souffre cruellement.

YANG-KING (*rêvant*)

Il me semble que j'aperçois un vieil officier ; puis un jeune... messager d'un événement funeste... Aurait-on manqué de couvrir mes frontières, mes places fortes ? Oh ! il y a ici un mystère que je veux éclaircir. (*Aux ombres.*) A demain, à demain ; il est trop tard, retirez-vous.

L'OMBRE DE YANG-LING-KONG

Yang-King, mon fils !

YANG-KING

Quel est ce jeune officier ?

L'OMBRE DE YANG-LING-KONG

(*Elle chante.*) C'est le fils bien-aimé de ta mère Che-tai-Kiun.

YANG-KING

Mais vous, qui parlez, qui êtes-vous ?

L'OMBRE DE YANG-LING-KONG

(*Elle chante.*) Je suis l'ombre de ton père, Yang-Ling-Kong.

YANG-KING

Mon père! Alors approchez-vous de moi pour me parler; qu'avez-vous à craindre.

L'OMBRE DE YANG-LING-KONG

Non, mon fils, il faut que tu restes à une certaine distance de moi. Tu es un homme; je suis une ombre. Écoute mes paroles.

YANG-KONG

Parlez, mon père, je vous écoute.

L'OMBRE DE YANG-LING-KONG

Après avoir glorieusement soutenu un grand nombre de combats, il y a quelques jours, je me suis vu, tout à coup, étroitement cerné par Han-Yen-Cheou, chef des barbares du Nord. J'étais dans un péril imminent, certain, et déjà sous les dents du tigre, lorsque mon septième fils, Thsi-Lang, plein d'ardeur, accourut pour me délivrer; mais saisi par Pan-Jin-Meï, ce barbare attacha ton frère au sommet d'un arbre en fleurs, où il fut tué à coup de flèches. Alors dans mon désespoir, et voyant que je ne pouvais plus échapper au danger qui menaçait mes jours, je me précipitai moi-même contre un rocher, où je trouvai la mort. Bientôt après un barbare livra mon corps aux flammes, puis Hen-Yen-Cheou, recueillant mes ossements les déposa dans le monastère des *Cinq-Tours*, sur le faîte de la pagode. Tous les jours cent Tartares forment un cercle autour de la pagode et chacun d'eux lance successivement trois flèches contre mes ossements. Mon fils! qui pourrait exprimer les douleurs que j'éprouve; elles ne cessent pas d'une minute. Aujourd'hui j'ai présenté une supplique au souverain des enfers, qui m'a laissé sortir. Mon fils, je t'en supplie, adoucis mes souffrances par des sacrifices; venge ma mort, venge celle de ton frère.

Yang-King part avec son frère Meng-Lang, pour le couvent bouddhique des *Cinq-Tours*. Remarquez que malgré que le gouvernement d'alors fût bouddhique, on fait jouer aux bonzes des rôles assez ridicules. A minuit les deux frères frappent à la porte du couvent.

YANG-KING

Ouvrez, ouvrez.
LE SUPÉRIEUR
Je n'ouvre pas, je n'ouvre pas.
YANG-KING
Pourquoi?
LE SUPÉRIEUR
Apportez-vous quelque chose pour le couvent? J'ouvre.
YANG-KING
Oui, oui, ouvrez, j'apporte...
LE SUPÉRIEUR
Quoi?
YANG-KING
Un millier de cierges.

LE SUPÉRIEUR

Un millier de cierges! Voyons donc; à un denier chaque... J'ouvre. *(Il ouvre la porte.)*

MENG-LANG *(saisissant le Supérieur)*

Ho-Chang, où sont les ossements de Yang-Ling-Kong?

LE SUPÉRIEUR *(étonné)*

Je n'en sais rien.

MENG-LANG

Comment vous n'en savez rien? Ho-Chang, parlez, ou, si vous ne parlez pas, j'abats votre vénérable tête... avec ma hache.

LE SUPÉRIEUR *(effrayé)*

Eh! qui peut répondre que vous n'en êtes pas capable? *(Regardant la calebasse de Meng-Lang.)* Miséricorde! Il me semble que j'aperçois la tête d'un bonze suspendue à son dos.

MENG-LANG *(élevant sa hache)*

Vite, parlez, ou bien...

LE SUPÉRIEUR *(avec vivacité)*

Je parle, je parle. Écoutez. Pendant la journée, les ossements de Yan-Ling-Kong sont exposés sur le faîte de la pagode; mais la prudence et la vertu des bonzes, quand le soir vient, on les retire; puis on les garde soigneusement dans le monastère. *(Il montre une table.)* Tenez voyez-vous cette cassette qui est sur la table? Elle renferment les ossements du général Yang-Ling-Kong.

YANG-KING *(à part, versant des larmes)*

Ah! mon père, je vais succomber à ma douleur!

MENG-LING

Voici la cassette : qui m'assure qu'elle renferme tous les ossements?

LE SUPÉRIEUR

La prudence est une vertu et les bonzes ne manquent jamais de précautions. On a fait l'inventaire, chaque ossement porte un numéro d'ordre ; nous pouvons donc procéder au recollement.

(Il chante.) Pourquoi venez-vous dans cette pagode? Que signifient ces clameurs insensées? Les ossements de Yang-Ling-Kong portent des numéros d'ordre. Écoutez-moi, je vais vous les présenter tous, depuis la tête et le tronc jusqu'aux membres. Voici d'abord les pariétaux avec huit morceaux du frontal; voici le tronc, malheureusement les intestins manquent; voici les omoplates, la peau y est encore; voici les rotules des genoux avec les femurs et les tibias; voici enfin l'épine dorsale et les côtes; c'est tout. Prenez ces ossements, mais vous me remettrez une décharge valable et authentique.

MENG-LANG

Regardez ce vaurien, il faut encore que je lève ma hache ..

LE SUPÉRIEUR

Aïe! Aïe!

(Il chante.) Vous avez pris les uns après les autres

les ossements de Yang-Ling-Kong, et maintenant vous voulez m'abattre la tête, c'est trop violent. *(Il sort.)*

Munis de la précieuse cassette, les deux frères traversent, non sans danger, le camp tartare et se réfugient dans un autre couvent, le *monastère du Royaume Florissant*. Ils y trouvent cinq cents religieux, parmi lesquels ils reconnaissent un de leurs frères qui a quitté l'épée pour le froc, mais nous verrons qu'il n'a pas dépouillé tout sentiment guerrier.

Le général tartare apprend la retraite des jeunes gens et veut se faire ouvrir le monastère. C'est le bonze soldat qui le reçoit.

YANG-KING *(au religieux Yang)*
Ah! mon frère, voilà les Tartares!
LE RELIGIEUX
Ne vous effrayez point; je m'en charge.
HAN-YEN-CHEOU *(apercevant le religieux)*
Où est Yang-King?
LE RELIGIEUX
Il est ici attaché avec des liens, et gardé à vue pour qu'il ne s'évade pas. Mais j'ai une grâce à vous demander. Les bonzes de ce couvent sont des gens d'une mansuétude singulière. Invariablement attachés à leurs obligations, ils ne mènent pas, comme les Tartares, une vie tumultueuse et agitée. On n'a jamais vu une timidité

comme la leur. Général, je vous en conjure, gardez-vous d'entrer avec vos soldats, car notre vénérable supérieur en mourrait d'effroi. Quittez votre armure, laissez-là votre cimeterre, vos armes, descendez de cheval. Je vais vous livrer Yang-King, oui, je veux qu'il reçoive le châtiment qu'il mérite.

HAN-YEN-CHEOU

Très volontiers. *(Il descend de cheval, ôte son armure.)* Où est-il? Où est-il? Vite livrez-le-moi.

LE RELIGIEUX

Général, d'où vient cette étrange précipitation? Suivez-moi, et entrez dans le couvent. *(Han-Yen-Cheou entre dans le couvent.)* Maintenant je vais mettre les verrous à la porte.

HAN-YEN-CHEOU *(avec surprise)*

Pourquoi fermez-vous la porte aux verrous?

LE RELIGIEUX

Pour qu'il ne s'évade pas. *(Élevant la voix.)* J'aime à prendre mes précautions, général.

HAN-YEN-CHEOU *(stupéfait)*

Si Yang-King ne peut pas sortir, moi je ne puis pas entrer. Allez, je vous attends.

LE RELIGIEUX *(frappant Han-Yen-Cheou)*

Viens donc, viens donc.

HAN-YEN-CHEOU

Aïe! Aïe! Voilà un bonze qui n'a pas des manières fort civiles. C'est donc pour cela que vous avez mis les verrous à la porte.

Le Religieux

(Il chante.) Sa raison est déconcertée; il a donné dans le piège. Oh! le scélérat! Il fait la chasse aux mouches qui volent; il voudrait exterminer tous les êtres vivants. Viens, viens, viens; nous allons jouer aux coups tous les deux maintenant, c'est à qui perdra ou gagnera.

Han-Yen-Cheou

Ciel! par où fuir? Où me sauver?

Le Religieux

(Il chante.) Tu t'étonnes qu'un religieux ait un cœur d'acier et des entrailles de pierre. Va, la haine a pénétré dans mes flancs. Misérable, il faut que je venge sur toi la mort de mon noble père Yang-Ling-Kong. *(Il renverse Han-Yen-Cheou et le frappe.)* La colère me transporte, je veux assouvir ma fureur.

Han-Yen-Cheou

Voilà des coups appliqués avec art. Aïe! Aïe! Qu'il s'y prend bien! Vénérable religieux, faites-moi donc connaître votre nom, votre surnom.

Le Religieux

(Il chante.) Quoi? Han-Yen-Cheou, tu parles encore, tu oses me demander mon nom, mon surnom. *(Il le saisit à la gorge et chante.)* Sache donc que ce religieux que tu vois a pour nom de famille, Tié *(fer)*, et pour surnom, Kin-Kang *(diamant)*. Sache qu'il est inaccessible à la pitié comme à la crainte, apprends aussi que

son frère est Yang-King, l'inspecteur en chef des frontières. *(Il l'étouffe.)*

Et c'est le dénouement.

Une autre pièce bouddhique est l'*Histoire du caractère jin*. On se moque encore d'un bonze ; et quel bonze ! Le Bouddha lui-même, Sakia-Mouni en personne, c'est lui qui le dit. Sous la forme d'un religieux, il vient selon l'usage des moines à la porte d'une riche maison, mendier un bol de riz. Seulement, il paraît qu'il a une corpulence énorme et c'est à qui le plaisantera sur son obésité ; tous les personnages ont le fou rire.

Or, jamais le Bouddha n'a été représenté avec un gros ventre. L'auteur a dû le confondre avec le dieu O-Teï, qui donne la prospérité et qu'on représente invraisemblablement gros. C'est une incarnation de Mi-Lou-Wé-Boussatz, dont nous avons fait le mot *poussah*.

Le moine ne perd pas contenance. — Donnez-moi à manger, je vous donnerai la doctrine.

LIEOU-KIUN-TSÉ
Votre doctrine, où est-elle ?
LE MOINE
Apportez-moi du papier, de l'encre et un pinceau !

Lieou-Kiun-Tsé

Je n'ai pas de papier.

Le Moine

Si vous n'avez pas de papier qu'on m'apporte de l'encre et un pinceau. Je puis écrire ma doctrine sur la pomme de votre main.

Et sur la main ouverte de Lieou-Kiun-Tsé, il trace le caractère *jin* qui veut dire *patience* et il disparaît.

Le maître de la maison d'abord un peu interloqué, fait venir de l'eau, du savon, des brosses pour effacer ce mot qui l'effraye. Mais comme la tache de Macbeth, la marque est indélébile.

Survient un autre religieux qui réclame une dette de mille deniers à Lieou-Kiun-Tsé. Ce dernier est certain de ne le pas connaître et de ne rien lui devoir ; il se met en colère, le moine insiste, furieux notre homme lui lance un violent coup de poing qui le renverse et le tue.

On veut relever le cadavre, on écarte ses vêtements pour lui donner de l'air. O surprise ! La poitrine du bonze est marquée du caractère *jin* que le poing de Lieou-Kiun-Tsé y a imprimé.

Le premier bonze revient et décide cet homme colérique à modérer ses passions, à se retirer dans un pavillon de son jardin et à se livrer aux austérités. C'est un commencement de conversion bouddhique.

Mais pendant que Licou-Kiun-Tsé dans la solitude récite les soutras et dit ses prières, on vient l'avertir que sa femme le trompe. Il n'en faut pas davantage, il saisit un poignard, se précipite dans la chambre à coucher, surprend le flagrant délit et, au moment où il lève son arme pour immoler sa femme, sur la lame brille le caractère *jin*. Le poignard lui tombe des mains.

Cette fois il est mûr pour la sainteté. Sakia-Mouni qui revient pour la troisième fois, le décide à entrer en religion.

La pièce, on le voit, est toute en faveur de la mansuétude, de la grande charité que prêche le bouddhisme et l'on se demande pourquoi, dans la première scène, on a de la sorte ridiculisé le fondateur de cette religion. Il est probable que l'incident a été ajouté par les premiers acteurs, qui ont pensé se faire bien voir du public en l'égayant d'abord, et ensuite en critiquant les moines, ce qui, alors, était un facile moyen d'opposition politique.

La féerie qui s'appelle *le Songe de Liu-Thong-*

Pin est construite sur le même plan que la pièce que je viens de vous raconter, le but est aussi de mener à la vertu parfaite, mais au lieu d'y arriver par le bouddhisme, on y mène par la doctrine du Tao.

Le Taoïsme est basé sur le livre du philosophe Lao-Tzeu. Très imprégné d'idées brahmaniques il s'est assimilé les vieilles superstitions chinoises sur les fétiches locaux, il a recueilli tous les sorciers, les diseurs de bonne aventure, les empiriques, il a précisé les légendes fantastiques, en un mot, tout ce que repoussaient les lettrés de l'école de Confucius. De plus, au contact du Bouddhisme, il s'est fait bouddhique en plus d'un point, admettant la transmigration des âmes, l'enfer et le paradis, l'ascétisme des saints ou la vie communiste des couvents.

Le Songe en question est précédé d'un prologue en deux tableaux. Dans le premier, nous sommes au Ciel, en un riche appartement où se trouve le cabinet de travail du dieu Tong-Hoa-Ti-Kiun, ce qui signifie *le souvenir de la fleur orientale*. C'est lui qui est chargé de la comptabilité des actes des hommes, ce qui n'est pas une mince besogne. Chaque jour les *Esprits*, qui président aux cinq montagnes sacrées, parcourent l'univers et lui font un rapport en règle, et circonstancié, de tout ce qui s'est passé en vingt-quatre heures. Vous voyez qu'il est fort occupé et qu'il éprouve de temps en temps le besoin de prendre l'air et d'ouvrir la fenêtre.

Voilà qu'il est frappé de la sérénité de l'atmosphère, il trouve que ça sent bon. Cela vient de ce que dans la ville de Ho-Nan-Fou, il y a un jeune bachelier dont on pourrait renouveler la nature, renouveler l'esprit et faire un saint.

Le dieu charge un célèbre anachorète, Tching-Yang-Tzeu, personnage historique, qui vivait sous les Han et qui a obtenu l'immortalité d'aller trouver Liu-Thong-Pin, et de le convertir.

Le décor change et nous sommes dans une hôtellerie, tenue par une déesse transformée en hôtesse.

Arrive le jeune lettré, monté sur son âne et portant suspendu derrière ses épaules, le sabre des hommes de lettres. Vous avez souvent vu des bronzes chinois qui représentent ce personnage.

Il s'arrête, entre dans l'hôtellerie, et, comme il est pauvre, demande un modeste plat de millet jaune.

Yang-Tzeu, le vénérable anachorète, s'approche et la conversation s'engage.

Yang-Tzeu

La réputation, la fortune, les dignités, voilà tout ce qui occupe votre cœur. Ce sont là des choses qui vieillissent et périssent. Bachelier, vous ne pensez pas à vos fins dernières. Vous ne comprenez rien à la vie, rien à la mort. Suivez mes conseils, renoncez au monde.

Thong-Pin

Docteur, je crois que vous êtes fou... Dites-moi, docteur, quels sont vos plaisirs ?

Yang-Tzeu

Les plaisirs des religieux ne ressemblent pas aux plaisirs du monde.

Thong-Pin

Mais enfin, quel plaisir avez-vous ?

Yang-Tzeu

Est-ce que vous ne savez pas *(il chante)* « que du haut du mont Kouen-Lun (séjour des immortels), nous cueillons les étoiles ; que sur le mont Taï-Chan, le sable que nous ramassons est du sable d'or. Là, le ciel n'a pas plus de deux ou trois pouces de hauteur et la terre ne paraît pas plus grosse qu'un poisson, quand une fois l'homme s'est identifié avec le Tao...,

Thong-Pin *(l'interrompant)*

Voilà un langage bien fastueux.

YANG-TZEU *(continuant)*

il vit éternellement et ne vieillit pas. Il connaît la vérité, il dompte les dragons, soumet les tigres. »

Et il en dit long sur ce ton. Mais remarquez combien ces textes sont précieux pour nous renseigner sur l'état d'esprit, sur les conceptions étranges d'un sage tao-ssé. Il faut seulement être averti que toutes ces images sont des symboles. Ainsi l'homme, dans tous ses actes, doit redouter le dragon vert qui est à droite, et le tigre blanc qui est à gauche. La dernière phrase de Yang-Tzeu veut simplement dire que le saint peut maîtriser les influences occultes.

Le discours de l'anachorète produit son effet, mais pas celui qu'on attendrait; en l'écoutant le jeune homme s'endort.

L'anachorète disparaît. Le bachelier se réveille, adresse quelques paroles à l'hôtesse, prend son âne, se remet en route sans avoir mangé; et la pièce commence. C'est la fin du prologue.

Dix-sept ans se sont passés. Liu-Thong-Pin a eu tous les succès littéraires, il est docteur, aux examens militaires il a conquis tous les grades, on l'a nommé général de la cavalerie ; enfin, il est gendre de Kao, gouverneur du palais impérial ; de son mariage il a une fille et un fils. Toutes les joies, tous les bonheurs l'entourent.

Une révolte éclate, il doit se mettre à la tête des troupes, il vient prendre congé de son beau-père Kao ; mais Kao c'est l'anachorète sous les traits du gouverneur. On voit qu'il s'agit là d'un rôle à transformation. Et que fait Kao, sous prétexte du coup de l'étrier, il grise Thong-Pin qui n'est plus en état de rejoindre son armée.

— Thong-Pin, dit alors le gouverneur, suivez mes conseils, abstenez-vous de l'usage du vin, puisque le vin est pernicieux à votre santé.

— Je n'en boirai plus, répond le gendre, j'en fais le serment, et c'est là le premier vœu de Liu-Thong-Pin.

Son épouse est très mauvaise femme. Elle assiste sans émotion à l'agonie de son père qui succombe dans des crises aiguës. Elle se laisse faire la cour par un jeune secrétaire.

Pendant ce temps, le général de la cavalerie, après avoir remporté la victoire, se conduit mal. Il vend à l'ennemi le champ de bataille qu'il a conquis et s'approprie des boisseaux de perles et d'or, fruit du butin.

Revenu dans sa maison, il est frappé du

silence qui y règne. « Ma femme, pense-t-il, s'est ensevelie dans la solitude. Où est le gouverneur? Qu'est devenu le vieux domestique? Je ne vois personne. »

Errant de chambre en chambre, il entend parler sa femme, et la conversation qu'il surprend, en écoutant derrière la porte, ne lui laisse aucun doute sur son déshonneur. Furieux, il enfonce la porte (le spectateur chinois ne craint pas d'assister aux flagrants délits), mais le galant saute par la fenêtre.

Liu-Thong-Pin (à sa femme)
Qui est-ce qui buvait du vin avec vous?
Throni-Ngo
Personne.
Liu-Thong-Pin
Personne? A qui est ce bonnet?
Wei-Che (dehors et mettant le nez à la fenêtre)
Koko, c'est à moi! <i>(Il se sauve.)</i>

On voit que l'amant prend gaiement la situation. *Koko* est un terme d'amitié.

Mais le mari est dans une rage folle, il saisit sa femme et veut la poignarder. Heureusement pour elle, arrive le vieux domestique Youen-Kong. C'est encore l'anachorète transformé qui joue ce rôle.

Il intercède humblement pour la fille de son maître, et implore, à genoux, la clémence de Thong-Pin. Cette scène est, sous le rapport de l'exécution, d'une beauté vraiment remarquable, et le rôle du vieux domestique est soutenu, d'un bout à l'autre, avec une grande perfection. Il y a dans les paroles du vieillard une sensibilité douce, naïve, touchante, qui finit par pénétrer dans l'âme dure de Thong-Pin. L'époux fléchit et pardonne.

Mais tous ces incidents ne le sauvent pas de la vengeance des lois; accusé d'avoir vendu le champ de bataille, confisqué le butin, abandonné son poste, il est condamné à mort.

L'Empereur lui fait grâce. Thong-Pin réfléchit sur sa conduite, il fait vœu de pauvreté, il fait vœu de chasteté et remet à sa femme un acte de divorce. Il emmène ses deux enfants et tombe dans le malheur. On le voit dans un pays désert, mourant de faim; son fils et sa fille poussent des cris déchirants. Les Chinois subissent souvent de terribles famines, et les auteurs savent qu'ils iront droit au cœur des spectateurs en l'émotionnant par la vue d'enfants affamés.

Un bûcheron se présente; c'est encore l'anachorète. Thong-Pin, qui est égaré, lui demande son chemin.

Le Faux Bucheron

Puisque vous ne connaissez pas le Tao (votre chemin), je vous parlerai du Tao (de la doctrine des Taossé), je vous transmettrai le Tao (la doctrine), je vous montrerai le Tao (le chemin).

Liu-Thong-Pin

Je ne comprends pas.

Le Faux Bucheron

Comment, vous ne comprenez pas encore? Eh bien, marchez toujours, il y a sur cette montagne une chaumière, entrez-y, entrez-y.

La phrase à double sens sur le Tao n'est pas un calembour fait à plaisir. Lao-Tzeu lui-même, a fait tout le long de son livre, le *Tao-Ti-King*, des explications embrouillées de la sorte. J'ai raconté dernièrement, au Congrès de Bâle, que ce philosophe voulant donner à ses compatriotes une idée des conceptions brahmaniques, du *Brahme*, l'âme universelle ; du *Karma*, le désir qui provoque la création; du *Karmah*, la causalité ; du *Darma*, la loi et de la *Boddhi*, la suprême intelligence, s'était servi du mot Tao qui avait déjà en chinois, les sens d'*Être suprême*, de *ciel*, de *raison* et de *voie*.

Au moins neuf significations par un même mot.

Thong-Pin est reçu dans la chaumière, par une vieille femme. C'est la déesse du prologue qui a pris cette apparence. Elle accueille le voyageur avec bienveillance, mais l'avertit qu'elle a un frère excessivement féroce, et qui, s'il le trouve là, pourra le tuer.

— Oh! fuyez, fuyez, car j'appréhende un malheur.

— Ah! madame, après toutes les épreuves de ma vie, je suis inaccessible à la peur.

Il n'a pas achevé qu'arrive le terrible frère, un vrai sauvage. C'est encore l'anachorète qui remplit ce rôle.

Le brigand prend tour à tour le fils et la fille du général et les précipite dans un ravin, puis, levant son cimeterre, il se précipite sur Thong-Pin et lui abat la tête.

Changement à vue. La vieille redevient l'hôtesse du début, le brigand reprend sa forme d'anachorète. Liu-Thong-Pin, qui a retrouvé sa tête, dort sur la table de l'auberge du prologue.

Liu-Thong-Pin (*se frottant la tête et regardant Yang-Tzeu*)

Comme j'ai dormi sans m'en apercevoir

YANG-TZEU

Oui, oui.

LIU-THONG-PIN

Combien y a-t-il que je dors ?

YANG-TZEU

Dix-huit ans.

LIU-THONG-PIN *(souriant)*

Dix-huit ans ! *(à l'hôtesse)* Mon millet est-il prêt ?

LA DÉESSE

Pas encore. *(Les immortels ne sont pas pressés.)*

YANG-TZEU

Souvenez-vous des vœux que vous avez faits. Pendant dix-huit ans, livré successivement à toutes les passions ignominieuses, vous les avez réprimées, domptées, vaincues. Comprenez-vous enfin ?

LIU-THONG-PIN

Oui, je comprends. La vie est un songe. Maître, je suis converti au Tao.

Apothéose. Liu-Thong-Pin est reçu au ciel et obtient la place d'immortel.

Il possède toujours son âne, immortel comme lui, et s'en sert d'une singulière façon. Quand il n'en a pas besoin pour voyager il le change en fumée, en une vapeur qui diminue, diminue jusqu'à ce qu'il puisse la recevoir dans une petite boîte qu'il met dans sa poche ; la bête est à l'écurie. Quand il veut s'en servir, il ouvre sa boîte, la vapeur en sort, grandit, prend forme d'âne ; il l'enfourche et le voilà parti.

Puisque nous tenons Liu-Thong-Pin, ne le lâchons pas, il va jouer un rôle dans *la Transmigration de Yo-Chéou,* sujet taoïste, pour lequel on utilise l'idée bouddhique de la métempsycose.

Yo-Chéou est assesseur au tribunal de la ville de Tching-Chéou. Il est prévaricateur et vend la justice, de plus, il est très jaloux de sa femme qui est fort jolie.

Au premier acte, un grand attroupement se forme dans la rue, devant sa maison. Un homme étrange qui n'est autre que Liu-Thong-Pin, vaticine devant la foule ; il annonce des désastres, il répète sans cesse : « Malheur à Yo-Chéou, assesseur du tribunal. » Il pousse des soupirs et des gémissements. Le fils de Yo-Chéou revient de l'école : « Pauvre orphelin ! » s'écrie-t-il. Voyant paraître la femme de Yo-Chéou : « Pauvre veuve, pauvre veuve ! »

Yo-Chéou arrive à son tour « Yo-Chéou, lui dit-il, tu touches à ton dernier moment. Ce n'est pas dans un an qu'il arrivera, ni dans un mois, mais d'ici à deux heures. » L'assesseur considère que la plaisanterie est de mauvais goût, se dispute avec le saint et, furieux, ordonne qu'on l'attache au mur de son hôtel. C'est, en Chine, une façon économique de faire des prisonniers, au lieu de les mettre dedans on les met dehors et l'on charge le public de les nourrir.

Le prince Wei, inspecteur des tribunaux, fait son entrée dans la ville, délivre en passant Liu-Thong-Pin et convoque l'assesseur pour un examen. Ce dernier se tire assez bien de l'enquête. Mais rentré chez lui, il se trouve très malade, se met au lit et comprend qu'il va mourir, selon la prédiction du Saint.

La jalousie le tracasse plus que l'effroi de la mort. Il ne sait pas quelle précaution prendre pour que son épouse lui soit fidèle, par delà du tombeau. Sous prétexte d'eau de riz qu'il veut boire, il éloigne sa femme, qui se méfie et écoute à la porte pendant que le moribond supplie ceux qui l'entourent de surveiller sa femme, de lui donner de bons conseils, de l'obliger de rester fidèle à sa mémoire, et l'épouse indignée entre subitement.

Li-Chi

De tels soupçons sont injurieux pour moi, et, de

grâce, dans l'état où vous êtes, bannissez de votre esprit les mauvaises pensées. Allez, quoi qu'il arrive, je resterai dans le veuvage. J'habiterai avec mon fils, et, quand bien même Fo-Tong viendrait à mourir, je ne contracterais pas de nouveaux nœuds. Femme, je n'ai jamais quitté la maison; veuve, je ne sortirai pas de l'ouvroir. Oserais-je d'ailleurs regarder un homme en face? Fi donc!

Yo-Chéou

Ah! vous ne sortirez pas de l'ouvroir, et vous croyez qu'aucun homme ne pourra s'offrir à votre vue. Écoutez-moi.

Li-Chi

Oh, je vous écoute, parlez.

Yo-Chéou

(Il chante.) Il est des temps où l'on doit sacrifier aux ancêtres, par exemple, quand l'hiver arrive. *(Il parle.)* Vous voici bientôt au quinzième jour du mois. C'est la fête des morts. Fo-Tong est trop jeune encore pour aller seul aux collines, ma femme, est-ce que vous ne sortirez pas de l'ouvroir ce jour-là? Et si vous sortez, vos regards ne tomberont-ils pas sur des hommes?

Li-Chi

Je ne sortirai jamais. J'ordonnerai au tchang-tsien d'emmener mon fils avec lui, et de brûler du papier sur les tombeaux.

Yo-Chéou

Très bien. Mais Fo-Tong se mariera un jour. Après

les noces, il y aura nécessairement un repas, auquel assisteront les parents et les amis de votre bru. Qui les recevra, si ce n'est vous?

LI-CHI

Je recevrai les femmes, le tchang-tsien recevra les hommes.

YO-CHÉOU

A merveille. Vous savez que j'ai des amis, des amis intimes. Quand ils entendront dire que Yo, l'assesseur, est mort, ils viendront ici pour brûler du papier-monnaie. Dans la journée, mon frère est à l'audience, mon fils est à l'école. *(Il sanglote.)* Ah, ma femme, vous recevrez mes amis. *(Il chante.)* Quand ils frapperont à la porte, vous ouvrirez; vous leur offrirez vous-même le papier parfumé.

LI-CHI

Vraiment, vous prenez les choses trop à cœur.

YO-CHÉOU *(poussant des soupirs)*

Ah! C'est mon convoi que j'appréhende!... Il aura lieu pourtant, oui, dans sept jours! Ma femme, est-ce que vous n'accompagnerez pas mon corps jusqu'aux sépultures? *(Il chante.)* Il faudra bien que vous suiviez le char funèbre. *(Il parle.)* Tous les jeunes gens de la ville diront alors : « Yo, l'assesseur du tribunal, avait une femme d'une beauté accomplie, elle s'est toujours dérobée aux regards du public, allons donc au convoi de l'assesseur, nous la verrons. » Ah! ma femme, dès qu'ils vous apercevront, ne seront-ils pas frappés de l'élégance de votre taille et de l'irrésistible attrait de vos charmes? Il me semble déjà que je les entend : « Oh, qu'elle est belle ! qu'elle est belle ! bon gré, mal gré, je veux qu'elle devienne ma femme. » *(Il s'évanouit.)*

A l'acte suivant nous sommes en enfer. Encore un emprunt que le taoïsme a fait au bouddhisme. Yo-Chéou, interrogé par le sourain du lieu passe un mauvais quart d'heure, en attendant l'éternité, on va le forcer à retirer des pièces d'argent d'une chaudière d'huile bouillante.

Liu-Thong-Pin arrive à point pour le tirer d'affaire. Il lui fait promettre d'entrer en religion et de se faire anachorète, s'il revient sur la terre. Voilà une vocation un peu tardive, et je crains bien que l'assesseur soit moins préoccupé de son salut que de la pensée que pendant qu'il cuirait dans la chaudière, sa femme pourrait bien le tromper, et fort jaloux il préfère revenir chez lui, même ayant fait vœux de chasteté, mais pour voir un peu ce qui se passe.

Dès que le roi des enfers a été prévenu de la visite du saint Liu-Thong-Pin il se précipite au-devant de lui. Parfois un peu durs pour les mortels, les gens de l'enfer Tao-ssé sont d'une grande politesse; le roi est plein d'affabilité;

quoique homme de l'autre monde, il est homme du monde.

— Illustre Maître, s'écrie-t-il en saluant profondément, j'aurais dû aller à votre rencontre. Que je suis confus de mon incivilité, elle est impardonnable, impardonnable.

Liu-Thong-Pin est venu pour sauver Yo-Chéou dont il veut faire un anachorète. Ce dernier très inquiet de savoir ce que fait sa femme, voudrait bien s'en aller, car décidément il n'a aucun goût pour les expériences de température que l'on peut faire avec une chaudière d'huile bouillante. Il promet tout ce qu'on veut et s'engage à devenir moine taoïste. Le roi consent à ramener dans son corps son âme apeurée, mais, ô désastre, renseignement pris, sa femme l'a fait brûler et sa pauvre âme ne peut revenir sur terre que dans le corps d'un autre, dont le sang malgré la mort, serait encore chaud.

— J'ai votre affaire, s'écrie le roi, justement un garçon boucher vient de mourir dans la ville que vous habitez, voulez-vous renaître dans son corps? Je vous avertis qu'il est très laid, il a les yeux bleus.

Pour les Chinois, qui ont tous les cheveux et

les yeux très noirs, les yeux bleus sont un indice d'une laideur repoussante.

Mais rien n'arrête Yo-Chéou dans son désir de revenir à la vie sous n'importe quelle forme.

Et subitement nous sommes dans la chambre mortuaire du garçon boucher qui vient de rendre l'âme. Toute la famille en pleurs est réunie, on n'entend que sanglots et cris de douleurs.

Mais le cadavre éternue, ouvre les yeux. C'est la transmigration qui opère. On s'exclame de joie, Yo-Chéou, ne reconnaît personne et se croit encore juge.

Il y a là un trait à la *Georges Dandin*, dans la pièce de Racine. Voyant ces gens qui s'empressent autour de lui, il les prend pour des plaideurs.

— A l'audience, à l'audience, je ne m'occupe d'affaire qu'à l'audience. A-t-on jamais vu un scandale pareil? Quelle audace! Ils viennent jusque dans ma chambre à coucher.

— Mais, je suis ton père.

— Je suis ta femme.

— Huissier, mettez-moi ces gens à la porte.

Puis il réfléchit, il se souvient qu'il n'est plus assesseur du tribunal mais garçon boucher et cherche un prétexte pour s'évader de cette maison, pour planter là cette famille qui l'assomme.

— Écoutez, dit-il, il est très certain que tout à l'heure j'étais mort, il est encore plus certain que je ne suis qu'à moitié ressuscité. Mon âme est dans mon corps, mais mon esprit n'y est pas. Il est resté dans la pagode. Il faut que j'aille chercher mon esprit.

Il s'agit de la troisième âme, celle qu'on aurait dû fixer dans la tablette familiale.

On veut l'accompagner, emporter du papier parfumé.

— J'irai seul, j'irai seul, crie-t-il en colère. Est-ce que vous ne savez pas que les esprits prennent la fuite dès qu'ils aperçoivent un être vivant? Ils sont d'une extrême timidité, vous épouvanteriez mon esprit.

Il se lève, veut marcher, et tombe à la renverse.

Il ignore, le malheureux, que sous sa nouvelle forme il n'a qu'une jambe. On lui donne sa béquille, et, cahin, caha, le voilà parti.

Maintenant nous sommes dans la rue qu'il habitait. Mais il ne s'y reconnaît plus. Il s'adresse à un passant.

Yo-Chéou
Pourriez-vous me dire où je demeure?

LE PASSANT

Non.

YO-CHÉOU

Savez-vous où est la maison de Yo-Chéou?

LE PASSANT *(montrant une maison)*

La voici.

YO-CHÉOU

Comme elle est changée!

LE PASSANT

C'est que, après la mort de Yo-Chéou, Han-Wei-Kong, touché des grandes qualités et des vertus de ce magistrat, a voulu traiter sa veuve avec magnificence. Il a fait peindre la maison, décorer l'arrière-pavillon dont l'entrée est sévèrement interdite à tous les habitants de la ville.

YO-CHÉOU

Merci. *(A part.)* Touché de mes vertus! je crois qu'il a été touché des attraits de ma femme. N'importe, entrons.

Grande difficulté pour Yo-Chéou, pour faire comprendre à sa femme que cet homme qui a les yeux bleus, une longue barbe et une jambe trop courte, c'est son mari, c'est lui-même, Yo-Chéou.

— Eh quoi, s'écrie la jeune épouse, vous n'étiez déjà pas beau de votre vivant, vous auriez bien pu, pour revivre, choisir une figure moins repoussante.

Elle finit pourtant par accepter le raisonnement de son mari et se rendre à l'évidence, lorsqu'arrive la famille du garçon boucher, et chacune des deux femmes se dispute la possession de cet affreux bonhomme, et, comme en Chine on ne sait pas discuter sans en venir aux coups, on se saisit à tour de rôle de la béquille de Yo-Chéou, qui chaque fois tombe par terre.

Finalement Liu-Thong-Pin intervient et rappelle à Yo-Chéou qu'ayant prononcé, aux enfers, des vœux de chasteté, il doit renoncer à sa femme, et se retirer dans la solitude.

La pièce intitulée *Le Mal d'Amour*, est aussi basée sur une transmigration de l'âme, ou plutôt, sur un véritable dédoublement de la personnalité. Les idées métaphysiques ne s'accordent guère avec les conceptions des gens de l'Extrême-Orient. Toutes ces âmes qui ont froid, faim, qui souffrent d'être touchées, ils les comprennent volontiers solides, et, de même que les dieux qui sont « esprits » peuvent avoir commerce avec les mortels, certaines âmes peuvent devenir tangibles, cesser d'être « spectres » et prendre un corps véritable, sans renoncer — c'est là la hardiesse — à animer le vrai corps qu'elles ont quitté, mais qui dépérit, n'ayant pour vivre que des fragments de souffle, des morceaux d'âmes.

Wang, le bachelier, va partir pour la capitale, afin de passer ses examens littéraires. Il fait ses adieux à sa fiancée et l'on voit bien à la passion de la jeune fille qu'elle aura peine à supporter l'absence du jeune homme.

Son amour a une telle violence que, ne pouvant vivre loin de son fiancé, la jeune fille perd son âme qui court après Wang, prend l'apparence du corps de la jeune fille avec toute sa jeunesse, sa fraîcheur et sa beauté, et rejoint le bachelier, sur la route de la capitale.

Ravi de l'aubaine, Wang emmène l'aimable fantôme et passe avec lui, fort agréablement, le temps de ses examens.

La comédie se dédouble comme la personnalité de la fiancée. Tantôt on assiste à une scène d'amour dans la capitale et tantôt on voit le désespoir du pauvre corps sans âme qui est resté à la maison.

Wang réussit, monte en grade, devient grand mandarin et croit de son devoir d'aller implorer le pardon de sa belle-mère, madame Li, dont il croit avoir enlevé la fille. La scène est curieuse.

MADAME LI

Je n'y comprends rien. Quelle faute avez-vous commise!

WANG *(à genoux)*

Ah! Madame, je n'aurais pas dû emmener votre noble fille avec moi sans votre permission.

MADAME LI

Ma fille? Elle n'a pas quitté sa chambre. Elle est malade.

WANG

Comment malade? La voici! *(Il montre celle qu'il a amenée.)*

MADAME LI *(saisie d'effroi)*

C'est un esprit, c'est un esprit! *(Kouei, Kouei.)*

Une scène d'explication a lieu. On conduit *l'esprit* dans la chambre de la jeune fille. Cet esprit retrouvant son corps y entre avec précipitation, la belle femme qui l'avait revêtu disparaît. Le jeune homme perd son charmant fantôme pour épouser sa fiancée guérie, et plus séduisante que jamais.

La pièce du *Mal d'Amour* plaît aux Chinois par le fantastique de son *scenario*, mais surtout par l'élégance de sa littérature et la véhémence de ses sentiments. Les scènes d'amour, particulièrement les adieux du premier acte, seraient plus facile à traduire en latin qu'en français. Les auditeurs orientaux ne craignent pas un peu de matérialisme, quand il est relevé par les grâces du style.

L'auteur Tching-Té-Hoeï a fait une autre pièce : *La Soubrette accomplie,* qui est très célèbre et mérite son succès par la finesse des sentiments, la beauté de l'écriture et l'art avec lequel les scènes sont conduites ; on y trouve des procédés que Molière n'a pas dédaignés, et souvent on croit lire du Marivaud.

Madame Han a commis une imprudence et, qui plus est, une faute contre les rites, en logeant dans un pavillon de son jardin un jeune étudiant, fils d'un général ami de son mari, et qui est venu de très loin pour passer ses examens.

Elle a pensé qu'il suffirait d'interdire à sa fille et à la jeune fille qui lui tient compagnie de quitter la maison. Elle a compté sans l'ingéniosité de la soubrette, Fan-Sou, qui a jugé que l'étudiant ferait un mari parfait pour sa jeune maîtresse, et qui emploiera toute son intelligence à les rapprocher malgré les interdictions de madame Han.

Fan-Sou est mieux que la Dorine du *Tartuffe*, car elle est lettrée, elle est moins que Dorine, car elle est esclave, et dans les intrigues qu'elle organise elle risque la bastonnade, ce qui pour le public chinois donne une saveur spéciale aux situations.

C'est le soir, le temps est merveilleux, le jardin déploie toutes ses séductions et les jeunes filles hésitent à quitter la maison.

Fan-Sou
Mademoiselle, écoutez donc.

Siao-Man
Que veux-tu que j'écoute ?

Fan-Sou *(elle chante)*
« Entendez-vous les modulations pures et harmonieuses de l'oiseau Tou Kiouen ? Sentez-vous le parfum des pêchers qui vient réjouir l'odorat ?... Mademoiselle, promenons nous à la dérobée. »

Siao-Man
Fan-Sou, garde-toi de faire du bruit. Retenons nos ceintures, qui sont garnies de pierres sonores, et marchons doucement.

Fan-Sou *(elle chante)*
« Les pierres de nos ceintures s'agitent avec un bruit harmonieux ; que nos petits pieds semblables à des nénuphars d'or, effleurent mollement la terre *(bis)*. La lune brille sur nos têtes, pendant que nous foulons la

mousse verdoyante (bis). La fraîcheur humide de la nuit pénètre nos légers vêtements. » (Elle parle.) Voyez donc comme ces fleurs sont vermeilles, elles ressemblent à une étoffe de soie brodée ; voyez la verdure des saules, de loin on dirait des masses de vapeur qui se balancent dans l'air. Nous jouissons de toutes les beautés du printemps.

SIAO-MAN

Que ces perspectives sont ravissantes !...

FAN-SOU (elle chante)

« Les fleurs et les saules semblent sourire à notre approche; le vent et la lune redoublent de tendresse. Dans ces moments délicieux, un poète se sentirait pressé d'épancher en vers les sentiments de son âme. » (Elle parle.) Mademoiselle, les sites que vous voyez m'enchantent à tel point que je voudrais profiter de cette heure délicieuse de la nuit pour composer quelques vers. Je vous prie, ne vous moquez pas.

SIAO-MAN

Je désire les entendre.

FAN-SOU (elle chante)

« Un han-lin (académicien), avec tout son talent, ne pourrait décrire les charmes de ces ravissantes perspectives, un peintre habile ne pourrait les représenter avec ses brillantes couleurs. Voyez la fleur haï-tang, dont la brise agite le calice entr'ouvert; la fraîcheur de la nuit pénètre nos robes de soie ornées de perles; les plantes odoriférantes sont voilées d'une vapeur légère;

notre lampe jette une flamme tranquille au milieu de la gaze bleue qui l'entoure ; les saules laissent flotter leurs soies verdoyantes, d'où s'échappent des perles de rosée qui tombent, comme une pluie d'étoiles, dans cet étang limpide, on dirait des balles de jade qu'on jetterait dans un bassin de cristal. Voyez la lune qui brille à la pointe des saules, elle ressemble au dragon azuré qui apporta jadis le miroir de Hoang-Ti. »

Pé-Min-Tchong joue de la guitare.

SIAO-MAN

De quel endroit viennent ces accords harmonieux?

FAN-SOU

C'est sans doute le jeune étudiant qui joue de la guitare.

SIAO-MAN

Quel air joue-t-il?

FAN-SOU

Écoutons au bas de cette fenêtre.

PÉ-MIN-TCHONG *(il chante en s'accompagnant de la guitare)*

« La lune brille dans tout son éclat, la nuit est pure, le vent et la rosée répandent leur fraîcheur. Mais, hélas! La belle personne que j'aime n'apparaît point à mes yeux; elle repose, loin de moi, dans sa chambre solitaire! Depuis qu'elle a touché mon cœur, aucun oiseau messager ne m'apporte de ses nouvelles. Il lui est difficile de trouver quelqu'un à qui elle puisse confier une lettre. Mon âme se brise de douleur, ma tristesse s'accroît de plus en plus, et cependant ma chanson n'est pas encore finie. Les larmes inondent mon visage. Mille lis me séparent de mon pays natal, j'erre à l'aventure comme la feuille emportée par le vent. Quand serai-je assez heureux pour posséder la belle Yu-Feï ? »

Siao-Man

Les paroles de ce jeune homme vous attristent le cœur.....

Fan-Sou *(elle chante)*

« A peine l'ai-je entendu, que j'ai senti s'accroître mes ennuis. La douceur de ses accents faisait naître par degré le trouble au fond de mon âme, sa voix touchante inspire l'amour. Avec quelle vérité il a dépeint les tourments de cette passion ! Ne dirait-on pas qu'en prenant sa guitare, il a voulu décrire votre abandon, votre tristesse ?... »

Pé-Min-Tchong *(il chante de nouveau en s'accompagnant de la guitare)*

« Le phénix solitaire cherche la compagne qu'il aime, il chante d'une voix plaintive ; où est-elle pour écouter ses tendres accents ? »

Fan-Sou

Que ne joue-t-il un autre air ? Il semble faire allusion à nos peines. Mademoiselle, allons-nous-en.

Siao-Man

Pourquoi es-tu donc si pressée ?

Fan-Sou

Holà ? Mademoiselle, est-ce que vous ne voyez pas un homme qui vient ?

SIAO-MAN

De quel côté vient-il?

FAN SOU *(elle chante)*

« Les bambous froissés résonnent sur son passage, les fleurs laissent tomber avec bruit leurs pétales décolorées, les oiseaux qui dormaient sur les branches, s'envolent de frayeur. *(Elle écoute.)* J'ai écouté longtemps avec inquiétude, je n'entends personne, autour de nous règnent la solitude et le silence. »

SIAO-MAN

A quoi bon faire l'effrayée? Comment un homme pourrait-il venir à cette heure? Il faut que tu sois folle!...

PÉ-MIN-TCHONG

Il me semble que je viens d'entendre parler... Ouvrons la porte du cabinet, et regardons.

FAN-SOU *(elle chante)*

« Ah! J'ai entendu résonner l'anneau de la porte, il m'a semblé voir quelqu'un venir. Le bruit m'annonçait une personne qui marche dans l'ombre. Soudain j'ai arrêté mes yeux de ce côté, ce n'était que le bruit des gouttes de rosée, ce n'était que le murmure de la brise du soir. Les fleurs balancent capricieusement leur ombre, elles ont failli me faire mourir de frayeur. » *(Elle parle.)* Mademoiselle, allons-nous-en. J'appréhende qu'il ne vienne quelqu'un.

SIAO-MAN

Écoutons encore un air. Qu'est-ce que tu as à craindre?

FAN-SOU

Si madame vient à le savoir, elle dira qu'elle connaît la coupable, que c'est Fan-Sou, cette petite scélérate, puis elle m'appellera et me fera mettre à genoux. La nuit devient obscure; retournons-nous-en. Holà! Je crois entendre l'arrivée de quelqu'un,.. La nuit devient sombre; retirons-nous.

SIAO-MAN

Eh bien! Marche la première, je te suivrai.

FAN-SOU (*elle chante*)

« L'éclat de la lune peut nous trahir, je meurs d'inquiétude. »

Voilà que le jeune homme tombe malade, on le serait à moins. Il aime la fille de madame Han. Cette dernière qui s'intéresse à la santé de son hôte, envoie la soubrette prendre des nouvelles du bachelier.

Fan-Sou ne perd pas son temps, d'abord elle taquine l'amoureux en lui citant tous les textes des auteurs anciens, qui recommandent de fuir l'amour. Ce qui ne l'empêche pas de se charger, pour sa jeune maîtresse, d'une lettre écrite par l'étudiant, et, elle retourne auprès de Siao-Man.

SIAO-MAN

Fan-Sou, d'où viens tu?

FAN-SOU

Madame m'avait chargé de visiter Pé-Min-Thong, qui est malade.

SIAO-MAN

Comment va ce jeune homme ?

FAN-SOU *(à part)*

Il paraît qu'elle s'intéresse beaucoup à lui. *(A Siao-Man.)* Son état s'aggrave de plus en plus, la maladie va le conduire par degrés au tombeau.

SIAO-MAN *(à part)*

Est-il possible qu'il soit réduit à cet état ! Je n'ose l'interroger avec trop d'instances. Comment donc faire ? Quel remède ?

FAN-SOU *(à part)*

La question que mademoiselle vient de m'adresser, décèle à fond les sentiments de son cœur ; on peut lui parler franchement. *(A Siao Man.)* Pé-Min Tchong m'a chargée de vous remettre une lettre, j'ignore ce qu'elle contient.

SIAO-MAN *(prenant la lettre et la lisant, affecte*
un ton irrité)

Vile créature ! Il faut que tu sois bien effrontée.

FAN-SOU

Que voulez-vous dire ?

SIAO-MAN

Fan-Sou, viens ici ; mets-toi à genoux.

FAN-SOU

Je n'ai commis aucune faute, je ne m'agenouillerai pas.

SIAO-MAN

Indigne suivante, tu déshonores ma famille ! Sais-tu où tu demeures? Tu oses manquer à ce point aux convenances, comme si je ne les connaissais pas! N'est-ce pas ici la maison d'un ministre d'État? Je n'ai pas encore engagé ma foi, malgré cela tu vas prendre la lettre amoureuse d'un jeune homme pour venir ensuite me séduire! Si ma mère, qui est d'un caractère emporté, venait à le savoir, tu serais perdue. Petite scélérate, je devrais te briser la figure, mais on dirait que je suis une jeune fille et que j'ai la méchanceté d'un démon; on ne manquerait pas de me calomnier. Mon unique désir et de prendre cette lettre et d'aller la montrer à ma mère. Misérable suivante! elle te fustigera comme il faut.

FAN-SOU *(se mettant à genoux, et riant)*

Eh bien, me voilà à genoux. Ce jeune homme m'a chargée de vous remettre un billet, je ne savais pas, en vérité, ce qu'il avait écrit. Mademoiselle, si vous allez le dire à madame *(elle chante)*, « vous me perdrez, ainsi que le jeune amant de la ville de Loyang ».

SIAO-MAN

Petite scélérate, tu es bien impudente!

FAN-SOU *(tirant le sac d'odeur)*

Mademoiselle, ne vous fâchez pas tant. — *(Elle chante.)* « Votre suivante ne fera pas de bruit; Mademoiselle, gardez-vous de vous emporter. » — *(Elle parle.)* Voici un objet qui a une destination. — *(Elle chante.)* « Dites-moi à qui il était destiné. » — *(Elle parle.)* Regardez un peu. — *(Elle chante.)* « Cherchez, expliquez d'où il vient. »

SIAO-MAN *(regardant le sac, à part)*

Comment se fait-il qu'il se trouve dans ses mains ?

FAN-SOU

Ne m'avez-vous pas dit : Tu es bien impudente, petite misérable ; sais-tu bien où tu demeures ? — *(Elle chante.)* « Ne suis-je pas dans le palais du ministre d'État ? » — *(Elle parle.)* Et qui êtes-vous Mademoiselle ? — *(Elle chante.)* « Vous êtes une jeune personne ; oserais-je vous séduire par des propos indirects ? Quand madame, qui est d'un caractère si bouillant, aura vu cette servante qui déshonore sa maison, c'en est fait d'elle ! Permettez-moi de vous quitter promptement. » — *(Elle parle.)* Je vais aller trouver madame — *(elle chante)*, « afin qu'elle me châtie comme je le mérite. »

SIAO-MAN

Fan-Sou, je veux résonner sérieusement avec toi.

FAN-SOU

Je cours montrer à madame ce petit sachet.

SIAO-MAN *(l'arrêtant)*

Tout à l'heure je plaisantais avec toi ; pourquoi veux-tu aller chez ma mère ?

FAN-SOU *(elle chante)*

« Vous êtes une jeune personne ; pourquoi agissez-vous ainsi ? »

SIAO-MAN *(la retenant toujours)*

C'est un tort que j'ai eu...

FAN-SOU

Est-ce bien vous, Mademoiselle? — *(Elle chante.)* « Comment! Vous me suppliez, moi, qui suis une misérable servante, de vous accorder du répit! »

SIAO-MAN

Je conviens que j'ai eu tort.

FAN-SOU

Mademoiselle, tout à l'heure n'avez-vous pas voulu me frapper?

SIAO-MAN

Eh bien! Frappe-moi à ton tour.

FAN-SOU

Allons, venez ici, et mettez-vous à genoux. — *(Elle chante.)* « Notre rôle est changé, c'est maintenant à moi de vous châtier... » — *(Elle parle.)* Est-ce que vous avez peur!

SIAO-MAN

Certainement que j'ai peur.

FAN-SOU

Ah! n'ayez aucune crainte; je voulais seulement plaisanter avec vous.

SIAO-MAN

Tu as manqué me faire mourir de frayeur.

FAN-SOU

Mademoiselle, parlez-moi sérieusement. Est-ce vous qui avez donné ce sachet à Pé-Min-Tchong?

SIAO-MAN

Oui.

Fan-Sou
Pourquoi vous êtes-vous cachée de moi?

Siao-Man
Je n'ai osé te faire cette confidence.

Fan-Sou
Mademoiselle, qui est-ce qui peut s'opposer à votre union? Pé-Min-Tchong nourrit dans le fond de son cœur une passion qui le mine et le consume, il désire même que la mort mette un terme à ses tourments. Mademoiselle, les rites veulent qu'on aime les hommes. Quel bonheur n'éprouve-t-on pas lorsqu'on adoucit les peines de ses semblables?

Siao-Man
Ma compagne d'étude, tu es tout à fait dans l'erreur. Est-ce que tu n'as pas entendure dire : « En fait de mariage, quand on néglige les formalités prescrites par les rites, on devient une concubine. » Songe donc que je suis la fille d'un ministre d'État. Si je désobéis à ma tendre mère, et que je contracte avec un jeune homme une union illicite, comment oserai-je paraître dans le monde?...

Fan-Sou
Si pour une affaire de peu d'importance, on compromet la vie d'un homme, n'est-ce pas une faute grave? Mademoiselle, réfléchissez-y mûrement.

Siao-Man
Garde-toi de m'en parler davantage, ma résolution est irrévocablement fixée.

Fan-Sou

Le Lun-Yu dit : « Celui qui manque à sa parole ne mérite pas le nom d'homme. » Mademoiselle, puisque vous persistez avec obstination dans votre refus, je vais prendre le sachet et avertir madame.

Siao-Man

Attends-donc, raisonnons un peu.

Fan-Sou

« Mille raisonnements ne valent pas un consentement. »

Siao-Man

Tu joues de ruse avec moi. Allons, attends que je réfléchisse encore.

Fan-Sou

« Il vaut mieux sauver la vie d'un jeune homme que d'élever une pagode à sept étages. » Mademoiselle, quels ordres avez-vous à me transmettre ? Il faut que j'aille rendre réponse à ce jeune homme ?

Siao-Man

Attends que j'écrive une lettre ; il la lira et connaîtra mes sentiments. *(Elle remet la lettre à Fan-Sou.)*

Fan-Sou *(d'un ton sévère)*

Eh bien, je vais la porter.

Siao-Man

A qui ?

Fan-Sou

A madame.

SIAO-MAN *(effrayée)*

Elle a juré ma perte !

FAN-SOU

Mademoiselle, rassurez-vous, c'est au bachelier que je la porte. *(Elles sortent ensemble.)*

Et toutes les scènes se déroulent avec cette verve, cette fraîcheur enjouée.

Le jeune homme obtient un rendez-vous, au clair de lune. Les amants sont surpris par madame Han, qui furieuse veut châtier Fan-Sou. La soubrette s'agenouille sans perdre contenance et démontre à la noble dame que tout le mal vient de son imprudence, qu'elle a manqué aux rites en logeant chez elle, tout près de sa fille, un garçon trop séduisant et que pour finir madame Han n'a qu'un moyen de réparer ses torts, c'est de marier les amoureux.

Il faut que je vous parle des comédies d'intrigues qui sont nombreuses, et qu'au moins je vous en raconte une qui a pour titre : *La Couverture du lit nuptial*.

Un mandarin obligé de partir subitement pour la capitale à cause d'un procès, charge une abbesse, supérieure d'un couvent de femme, en qui il a toute confiance, d'emprunter pour lui une somme de dix taëls. Le prêteur exige la garantie de l'abbesse, et aussi la signature de la fille du mandarin.

L'époque de l'échéance arrive. Le mandarin n'est pas revenu, et l'entrevue entre le prêteur et l'abbesse nous fait pénétrer dans l'intérieur d'un couvent bouddhique.

LIEOU-YEN-MING *(à l'abbesse)*

Suivant mon compte, le capital et les intérêts réunis montent aujourd'hui à vingt taëls.

L'ABBESSE

Youen-wai, attendez, attendez toujours ; vous n'avez rien à perdre.

LIEOU-YEN-MING

Madame vous parlez beaucoup ; mais ce que vous dites...

L'ABBESSE

Ce que je dis !

LIEOU-YEN-MING

Est fort ridicule. Si, dans dix ans M. le gouverneur n'est pas encore de retour, j'aurai donc attendu pendant dix ans. Ma bonne supérieure, puisque vous ne comprenez rien aux affaires, je ne veux pas vous cacher mes intentions. Allez sur le champ demander à la fille du gouverneur les vingt taëls qu'elle me doit. Si elle a des fonds, elle me remboursera, dans le cas contraire... Ma bonne religieuse, vous connaissez mon isolement. Quoique honoré partout du titre de youen-wai, je sens au fond de mon cœur de la tristesse et de l'ennui. Si Yu-Yng consent à devenir mon épouse, intérêt, capital, j'abandonne tout. Mettez à l'accomplissement de ce projet, vos soins, votre habileté, employez vos petits stratagèmes, je saurai récompenser largement vos bons offices. Comme vous agirez, j'agirai.

L'ABBESSE

Quelle idée folle! Quoi, Yu-Yng, la fille d'un gouverneur! une jeune personne si timide! comment voulez-vous qu'elle consente à devenir votre épouse? Elle vous doit de l'argent, soit; qu'elle reste votre débitrice.

LIEOU-YEN-MING

Ma bonne supérieure, je vous en supplie, exaucez mes vœux. Tenez, pour vous montrer mon attachement, je vais croiser mes bras sur ma poitrine.

L'ABBESSE

Oh, dans ce cas, je m'agenouille devant vous.

LIEOU-YEN-MING

Si vous vous agenouillez devant moi, je frappe la terre de mon front. Ma bonne supérieure, voyons, une fois pour toutes, mettez le comble à mon bonheur.

L'ABBESSE

Mon youën-waï, enfin que voulez-vous? Est-ce de l'argent? j'en demanderai, si cela vous fait plaisir. Quant au mariage, je ne me charge pas de cette commission.

Lieou-Yen-Ming *(prenant un ton sévère)*

Puisqu'on ne peut rien obtenir de vous par la prière, parlons d'autre chose.

Il y a un an quand j'ai prêté ces dix taëls au gouverneur Li, qui est-ce qui est venu dans mon bureau ? qui m'a sollicité ? qui a servi de caution ?... Oh, je cours trouver le magistrat. Fi donc ! une religieuse, la supérieure d'un monastère de filles, qui se fait entremetteuse d'affaires, négocie un emprunt, et sert de caution ! Ma bonne amie, vous serez punie suivant la rigueur des lois ; dans un instant, j'aurai le plaisir de voir fustiger les reins de la pauvre abbesse.

L'Abbesse

Et que dira M. le gouverneur, quand il apprendra que vous avez voulu lui ravir sa fille?

Lieou-Yen-Ming

Réfléchissez encore. Elle peut montrer des dispositions favorables. Si vous savez la mettre dans mes intérêts, vous recevrez une bonne récompense. Dans tous les cas, revenez promptement m'apporter la réponse. *(Il sort.)*

L'abbesse se décide à aller trouver la fille du mandarin et à lui proposer d'épouser le prêteur Lieou-Yen-Ming. Seulement, pour la décider, elle le représente comme étant un beau jeune homme de vingt-trois ans, et obtient ainsi que la jeune fille ira au couvent la nuit suivante et aura une entrevue avec le créancier de son père.

Pendant que Lieou-Yen-Ming attend dans l'obscurité qu'on lui ouvre la porte du couvent, passe une patrouille de police qui le prend pour un malfaiteur et le mène au poste.

Au même moment un jeune étudiant qui voyage passe devant le monastère, les nonnes le prennent pour le créancier, et le font entrer dans la chambre où la jeune fille attend le prêteur.

Les jeunes gens ne s'attardent pas aux explications, et tout de suite tombent d'accord sur ce point qu'ils s'adorent. Au matin l'étudiant part pour passer ses examens, ce qui est, on l'avoue, l'obligation de tous les jeunes premiers du théâtre chinois.

Il ne faut pas oublier de dire que la fille du mandarin remet en gage à son fiancé un dessus de lit qu'elle a brodé de ses mains ; de là le titre de la pièce : *La Couverture du lit nuptial.*

Au matin l'abbesse se rend avec empressement chez le créancier pour le féliciter de l'agréable nuit qu'il vient de passer ; la scène est comique et les développements en sont risqués. Le prêteur furieux s'empare de la jeune fille qui a garanti l'emprunt et en fait une servante d'auberge.

Un beau jour le jeune amoureux, qui a conquis tous ses grades, passe par l'hôtellerie, reconnaît sa fiancée qu'il épouse, non sans avoir fait châtier le méchant créancier.

Je vais terminer en vous faisant l'analyse d'une comédie de caractère. Corneille a écrit : *le Menteur;* Molière a fait l'*Étourdi, le Misanthrope,* l'*Avare;* Regnard a fait *le Distrait.* Dans le théâtre des Youen, nous trouvons *le Libertin, le Fanatique,* l'*Esclave de ses Richesses,* autrement dit l'*Avare,* sujet qui a aussi été traité par Plaute, l'auteur latin.

La pièce chinoise commence par des scènes fantastiques, les divinités s'occupent à diriger les hommes et n'y réussissent guère. Un certain goujat, très religieux, attire leur attention, et ils entreprennent de faire son bonheur ; ce malheureux réduit à servir les maçons devient tout à coup immensément riche et, comme par son éducation il n'a pas appris à utiliser ses richesses, il devient un avare tout à fait odieux.

Il n'a pas d'enfant et désire en acheter un, ce qui en Chine se fait facilement. Un pauvre étudiant qui revient, avec sa femme et son enfant, des examens où il n'a pas réussi, consent à lui céder son fils.

On rédige le contrat : « Celui qui s'engage par ce traité est Tchéou, le bachelier. Comme il manque d'argent et n'a aucun moyen d'existence, il désire vendre *un tel*, son propre fils, âgé de *tant* d'années, à un riche propriétaire, nommé le respectable Kou-Jin, qui est honoré du titre de youen-waï. » Et derrière le contrat on ajoute : « Une fois le marché passé, si une des parties se rétracte, elle paiera un dédit de mille once d'argent. »

— Mais, observe l'intendant qui rédige l'acte, quelle somme lui donnerez-vous pour l'enfant?

— Ne vous mettez pas en peine de cela, je suis si riche qu'il ne pourrait jamais dépenser tout l'argent que je ferais pleuvoir sur lui, si je voulais, en faisant seulement craquer mon petit doigt.

Le bachelier signe de confiance, espérant d'après la somme du dédit supposé qu'on veut mettre un grand prix à son fils.

Et que donne l'avare, en définitive ? Rien du tout!

— Cet homme dit-il, n'ayant point de riz pour nourrir son fils, me l'a vendu tout à l'heure pour qu'il fût nourri dans ma maison et qu'il mangeât mon riz. Je veux bien ne pas exiger de frais de nourriture, mais comment ose-t-il me demander de l'argent?

— Belle satisfaction! Cet homme n'a pas d'autres moyens de retourner dans son pays.

— Pourquoi ne veut-il pas remplir les conventions? Rendez-lui son enfant et qu'il me paie les mille onces d'argent pour le dédit.

Après de longs pourparlers, l'intendant, honteux de la conduite de son maître, prend l'argent de ses gages et le donne au père. L'avare trouve ça tout naturel et félicite son employé, et, de sa générosité et de son dévouement pour son maître.

Tout ceci est comme une sorte de prologue, car tout d'un coup les personnages de la pièce ont vingt ans de plus. Le jeune enfant est devenu un bachelier plein de dévouement et de respect pour son père adoptif. L'avare, en vieillissant, est devenu encore plus avare. Nous le voyons malade, très malade même, car il va mourir, et cet homme qui va tout perdre, honneurs, fortune, existence, se cramponne à ses biens, veut être avare, pour ses héritiers.

Il raconte que sa maladie lui est venue d'un accès de colère.

— Un de ces jours ayant envie de manger du canard rôti, j'allais au marché dans cette boutique-là que tu connais. Justement on venait de rôtir un canard d'où découlait le jus le plus succulent. Sous prétexte de le marchander, je le prends dans mes mains et j'y laisse mes cinq doigts bien appliqués jusqu'à ce qu'ils soient bien imbibés de jus. Je reviens chez moi sans l'acheter, et je me fais servir un plat de riz cuit dans l'eau. A chaque cuillerée je suçais un doigt. A la quatrième cuillerée, le sommeil me prit tout à coup et je m'endormis sur ce banc de bois. Ne voilà-t-il pas que pendant mon sommeil un traître chien vient me lécher le cinquième doigt? Quand à mon réveil je m'aperçus de ce vol, je me mis dans une telle colère que je tombais malade ; et je vois bien qu'après ce coup je suis un homme mort.

Comme il se sent faible il veut essayer de manger, et envoie son fils acheter pour *un liard* de purée de fève. Le jeune homme, pour ne pas se faire moquer de lui, en prend pour dix liards. Mais le vieux s'en aperçoit.

— Mon fils, je t'ai vu tout à l'heure prendre

dix liards et les donner tous à ce marchand de purée. Peut-on gaspiller ainsi l'argent?

— Il me doit encore cinq liards sur la pièce que je lui ai donnée, un autre jour je les lui demanderai.

— Avant de lui faire crédit de cette somme lui as-tu bien demandé son nom de famille, et quels sont ses voisins de droite et ses voisins de gauche?

— Mon père, à quoi bon prendre des informations sur ses voisins?

— S'il vient à déloger et à s'enfuir avec mon argent, à qui veux-tu que j'aille réclamer mes cinq liards?

Pendant la conversation l'état du malade s'aggrave.

— Mon fils, je sens que ma fin approche. Dis-moi, dans quelle espèce de cercueil me mettras-tu?

Les Chinois qui croient à la vie de l'âme du cadavre, se préoccupent beaucoup de leur cercueil. Généralement ils s'arrangent pour le choisir de leur vivant. Il n'est pas de mauvais goût d'offrir un cercueil à son vieux père et, si l'avare n'a pas le sien, c'est qu'il n'a voulu faire cette dépense qu'à la dernière **extrémité**.

Il y pense enfin et a l'effroi de ce que ça va coûter.

— Si j'ai le malheur de perdre mon père, je lui achèterai le plus beau cercueil en sapin que je pourrai trouver.

— Ne va pas faire cette folie, le bois de sapin coûte trop cher. Une fois qu'on est mort on ne distingue plus le bois de sapin du bois de saule. N'y a-t-il pas derrière la maison une vieille auge d'écurie ? Elle sera excellente pour me faire un cercueil.

— Y pensez-vous ? cette auge est plus large que longue ; jamais votre corps n'y pourra entrer.

— Eh bien, si l'auge est trop courte rien n'est plus simple que de raccourcir mon corps. Prends une hache et coupe-le en deux ; tu mettras les deux moitiés l'une sur l'autre.

Ce détail doit singulièrement impressionner les Chinois qui attachent une grande importance à l'intégrité du cadavre, et ce trait de l'avare, qui pour faire une économie posthume, consent à dépecer son corps, doit les faire frissonner.

Le moribond n'a pas terminé ses instructions.

— J'ai encore une chose importante à te recommander ; ne vas pas te servir de ma bonne hache pour me couper en deux, tu emprunteras celle du voisin.

— Puisque nous en avons une chez nous, pourquoi s'adresser au voisin ?

— Tu ne sais pas que j'ai les os très durs; si tu ébréchais le tranchant de ma bonne hache, il faudrait encore donner de l'argent pour la faire repasser.

Peu à peu ses forces s'épuisent. Il cesse de respirer, mais un dernier effort le fait se redresser et son dernier mot est :

— N'oublie pas d'aller réclamer les cinq liards que te doit le marchand de fève.

Je pense que toutes ces citations que j'ai faites vous donneront une idée du théâtre de la Chine au xiii° siècle. Je devrais peut-être vous parler de pièces plus modernes, dont quelques-unes comme la *Pi-Pa-Ki*, sont des chefs-d'œuvre. Le temps me manque.

Cette analyse vous montrera le grand profit qu'on peut retirer de l'étude de cette littérature qui nous renseigne sur les mœurs, sur l'histoire et particulièrement sur les croyances du peuple de la Chine.

TABLE DES MATIÈRES
DU TOME XVII

La Statue vocale de Memnon.................. 1
Les récentes découvertes archéologiques faites en Égypte (sténographie)...................... 35
Les musées de la Grèce (sténographie)........ 93
Des antiquités de la Syrie et de la Palestine (sténographie).................................. 149
Le théâtre en Chine au XIIIᵉ siècle........... 201

Chalon-sur-Saône, imprimerie française et orientale E. BERTRAND

www.ingramcontent.com/pod-product-compliance
Lightning Source LLC
Chambersburg PA
CBHW050629170426
43200CB00008B/941